IMAGEN CORPORAL Y AUTOESTIMA POSITIVA

Transforma por Completo tu Imagen Corporal de Manera Positiva y Desarrolla una Autoestima de Lujo

FLETCHER POWERS

© **Copyright 2022 – Fletcher Powers - Todos los derechos reservados.**

Este documento está orientado a proporcionar información exacta y confiable con respecto al tema tratado. La publicación se vende con la idea de que el editor no tiene la obligación de prestar servicios oficialmente autorizados o de otro modo calificados. Si es necesario un consejo legal o profesional, se debe consultar con un individuo practicado en la profesión.

- Tomado de una Declaración de Principios que fue aceptada y aprobada por unanimidad por un Comité del Colegio de Abogados de Estados Unidos y un Comité de Editores y Asociaciones.

De ninguna manera es legal reproducir, duplicar o transmitir cualquier parte de este documento en forma electrónica o impresa.

La grabación de esta publicación está estrictamente prohibida y no se permite el almacenamiento de este documento a menos que cuente con el permiso por escrito del editor. Todos los derechos reservados.

La información provista en este documento es considerada veraz y coherente, en el sentido de que cualquier responsabilidad, en términos de falta de atención o de otro tipo, por el uso o abuso de cualquier política, proceso o dirección contenida en el mismo, es responsabilidad absoluta y exclusiva del lector receptor. Bajo ninguna circunstancia se responsabilizará legalmente al editor por cualquier reparación, daño o pérdida monetaria como consecuencia de la información contenida en este documento, ya sea directa o indirectamente.

Los autores respectivos poseen todos los derechos de autor que no pertenecen al editor.

La información contenida en este documento se ofrece únicamente con fines informativos, y es universal como tal. La presentación de la información se realiza sin contrato y sin ningún tipo de garantía endosada.

El uso de marcas comerciales en este documento carece de consentimiento, y la publicación de la marca comercial no tiene ni el permiso ni el respaldo del propietario de la misma.

Todas las marcas comerciales dentro de este libro se usan solo para fines de aclaración y pertenecen a sus propietarios, quienes no están relacionados con este documento.

Índice

Introducción	vii
1. La Psicología De La Vergüenza Del Cuerpo	1
2. Cosas Que Debe Saber Sobre La Anorexia	21
3. Cómo La Vergüenza Del Cuerpo Se Convirtió En Algo Normal En Nuestra Sociedad	35
4. Avergonzar A Alguien Por Su Delgadez	41
5. ¿Cómo Afecta La Vergüenza Corporal A Las Mujeres?	49
6. La Objetificación Del Cuerpo De La Mujer	63
7. La Ira De Las Mujeres En Nuestra Cultura De La Vergüenza Del Cuerpo	71
8. ¿Cómo La Vergüenza Del Cuerpo Afecta A Los Hombres?	79
9. Los Hombres Y Su Salud Mental	91
10. Los Efectos De La Vergüenza Corporal	99
11. La Vergüenza Corporal Y El Desarrollo De Trastornos Alimentarios	113
12. ¿Cómo La Vergüenza Del Cuerpo Afecta A La Sociedad?	123
13. ¿Cómo Se Beneficiará La Sociedad Si No Existe Vergüenza Corporal?	135
14. ¿Qué Debe Hacer La Sociedad Acerca De La Vergüenza Del Cuerpo?	145
Conclusión	155

Introducción

La vergüenza corporal es el acto de criticar las características físicas de una persona que supuestamente reflejan negativamente su inteligencia o competencia. La vergüenza corporal puede ocurrirle a cualquiera y a cualquier edad. Ya sea un padre tratando de animar a sus hijos a perder peso, un compañero de trabajo haciendo comentarios groseros sobre su peso o incluso un conocido quejándose de su figura, nunca se siente bien y, con demasiada frecuencia, puede parecer que no hay mucho que pueda hacer sobre eso.

En los Estados Unidos, la vergüenza corporal es una preocupación creciente que afecta a millones de personas.

¿Por qué? Porque muchas personas son extremadamente sensibles con respecto a sus cuerpos. Cuando alguien critica su peso, apariencia o tamaño corporal, puede ser especialmente difícil de sobrellevar.

Introducción

Uno de los mejores métodos para lidiar con la vergüenza corporal es aprender a desarrollar tu autoestima. Esto te ayudará a sentirte mejor acerca de quién eres y evitará que otras personas te depriman.

La vergüenza corporal es una forma dañina de intimidación. Apunta solo a un aspecto de la vida de una persona para socavarla. Por ejemplo, las personas con sobrepeso u obesas suelen ser objeto de vergüenza corporal. Sin embargo, otras características como la altura, el color del cabello, los brotes de acné, las pecas e incluso las elecciones de ropa también pueden ser objeto de vergüenza corporal.

Si bien puedes sentirte tentado a ignorar la vergüenza corporal, esta táctica rara vez funciona. Las personas que se involucran en este comportamiento a menudo hacen comentarios groseros sobre tu figura para ganar popularidad entre sus amigos. El objetivo de la vergüenza corporal es avergonzarte y hacerte sentir mal contigo mismo hasta el punto de que intentes cambiar tu comportamiento.

Muchas personas que usan la vergüenza corporal como una forma de intimidación no se dan cuenta del daño que están causando. Por eso es importante que los amigos y seres queridos hablen cuando ven que alguien es atacado por su peso, apariencia u otros atributos físicos. Si alguien está atacando a tu amigo, es hora de intervenir y defenderlo.

Hay una variedad de formas en las que puedes apoyar a tu amigo y demostrarle que tiene valor. Si alguien tiene sobrepeso, puedes decirle lo hermoso que es.

Introducción

Si alguien está siendo acosado por su peso, es importante hacerle saber que tu crees en su derecho a ser quien es.

Si estás siendo acosado o castigado por tu peso, es importante que te defiendas. Habla con amigos, familiares, maestros y compañeros de trabajo para detener este comportamiento. Tomar medidas ayudará a que otras personas se den cuenta de que todos merecen ser tratados con respeto.

Si estás siendo acosado por tu peso, también debes tratar de encontrar formas de sobrellevarlo. Esto puede incluir comer sano, dormir lo suficiente y pasar tiempo con tus seres queridos. Estos métodos pueden ayudar a reducir tu estrés, lo que te facilitará concentrarte en los aspectos positivos de tu vida.

Durante este momento estresante, es importante recordar que eres hermosa. No importa lo que digan los demás con respecto a tu apariencia o peso, siempre debes estar orgulloso de ti mismo, sabiendo que eres especial. Millones de personas tienen problemas de imagen corporal porque no se sienten cómodas consigo mismas.

Recuerda que eres hermosa tal como eres. Todo el mundo tiene defectos, pero tus defectos no te hacen menos humano. Recordar estas cosas puede ayudar a reducir tu ansiedad si alguien te intimida por tu peso.

Otra cosa para recordar es que no estás solo.

Introducción

Hay millones de personas en todo el mundo que luchan contra los mismos sentimientos de inseguridad que tú puedes estar experimentando. Si bien la intimidación nunca está bien, es importante saber que hay personas que siempre te defenderán y serán tu sistema de apoyo.

Finalmente, es importante recordar que la vergüenza corporal nunca está bien. No importa cómo se vea una persona o cuánto pese, nunca está bien que alguien haga comentarios malos sobre ella. Deberías estar orgulloso de ti mismo sabiendo que eres tan hermoso tal como eres.

Recuerda que la vergüenza corporal no se trata de ayudar a las personas a cambiar, se trata de menospreciar a las personas por su apariencia u otros atributos visibles. Si te encuentras en una situación con alguien que está tratando de hacerte sentir mal por tu peso, recuerda que ellos son los que tienen problemas, no tú. Mereces ser tratado con respeto y dignidad y nadie tiene derecho a decirte lo contrario.

Este libro te enseñará cómo desarrollar tu autoestima y dejar de verte afectado por la vergüenza corporal. Esto te permitirá saber que eres hermosa o guapa tal como eres. No necesitas cambiar tu apariencia o peso para ser amado y aceptado por los demás.

Una vez que aprendas a dejar de avergonzarte por tu cuerpo, será más fácil para ti lidiar con los problemas que surjan.

Introducción

Cuando alguien comienza a hablar de lo gordo o feo que eres, simplemente puedes reírte de los comentarios y mostrarles que siempre han estado equivocados.

Este libro te ayudará a ganar más confianza al enseñarte cómo defenderte y disfrutar de la vida, a pesar de lo que digan los demás. ¡Este será un gran recurso para cualquier persona que quiera un sentido más saludable de sí mismo y una vida más feliz!

1

La Psicología De La Vergüenza Del Cuerpo

LA VERGÜENZA corporal es un fenómeno que se ha vuelto cada vez más frecuente en la sociedad actual. Desde el vestuario, hasta los reality shows e Internet, parece que todo el mundo es susceptible de que los demás examinen y critiquen su apariencia física. Sin embargo, ¿cuál es la psicología detrás de esta vergüenza? ¿Cuáles son algunos de los factores que llevan a las personas a la vergüenza corporal? ¿Cómo puedes combatir la vergüenza corporal?

Aspectos psicológicos de la vergüenza corporal

Una razón psicológica común por la que las personas pueden ser propensas a la vergüenza corporal es menospreciar a los demás para sentirse mejor. Los psicólogos han observado que las personas tienden a arremeter contra aquellos que creen que son más guapos que ellos.

. . .

Este fenómeno, conocido como "teoría de la comparación social", sostiene que las personas se compararán con los demás con fines de valía personal. Si ves a una chica con un cuerpo más atractivo que el tuyo, asumes que probablemente es más popular o que tiene una mejor vida o trabajo que tú, o que está haciendo cosas que la hacen sentir bien consigo misma. Entonces, una forma de impulsar tu autoestima es tratar de derribarla a través de la vergüenza corporal. Este fenómeno se conoce como "comparación social" o "mantenimiento de la autoevaluación". Este tipo de vergüenza corporal a veces se hace por celos e inseguridad en lugar de odio.

Otro efecto psicológico de la vergüenza corporal es la auto objetivación. Este fenómeno establece que las personas, especialmente las mujeres, se verán a sí mismas como objetos que se pueden cambiar y controlar. Por ejemplo, una mujer podría criticar su apariencia diciendo: "Mis muslos no son tan delgados como me gustaría" o "Mis brazos no son lo suficientemente musculosos". Las personas que practican la auto objetivación tienen más probabilidades de desarrollar problemas de imagen corporal y trastornos alimentarios.

Pero quizás el factor psicológico más común que conduce a la vergüenza corporal es el perfeccionismo. Este tipo de pensamiento parece estar en todas partes hoy en día, tanto en los medios como en las interacciones personales de las personas.

. . .

A las mujeres jóvenes se les dice con frecuencia que "deberían" tener un buen desempeño en la escuela para seguir siendo elegibles para trabajos mejor pagados, y a las mujeres mayores se les dice que "deberían" aparentar su edad. Pero, ¿qué sucede cuando las cosas no salen como estaba previsto? Este perfeccionismo puede conducir a la ansiedad o la autocrítica. Los perfeccionistas se perciben a sí mismos como fracasados en lo que sea que intenten hacer, lo que puede causar una angustia significativa.

Otra cosa a considerar es que puede haber un sentimiento de derecho involucrado. Es como si la gente creyera que merece el "cuerpo perfecto" y si no lo tiene, los demás tampoco deberían. Esta actitud puede conducir a una sensación de superioridad de "si no puedo tenerlo, nadie debería" y una aversión extrema por cualquiera que perciban como más atractivo que ellos.

Otra razón por la que las personas pueden ser propensas a la vergüenza corporal es como reacción al rechazo social.

Nuestras emociones están vinculadas a cómo nos sentimos acerca de nosotros mismos, y gustarte a ti mismo no necesariamente significa que serás popular o que le gustarás a los demás. Cuando alguien se ríe de ti por algo que haces o se da cuenta de que hay un problema con tu apariencia, puede sentirse como un ataque personal contra ti y tu valor como persona.

Entonces, si te sientes mal contigo mismo, podrías atacar a otra persona diciendo algo malo, pero en realidad es solo una reacción a cómo te sientes contigo mismo. Esto se conoce como "gestión de impresiones" y es una forma de controlar nuestras emociones que pueden conducir a la vergüenza corporal.

Vergüenzas corporales y problemas de imagen corporal

Es posible que los avergonzados del cuerpo ni siquiera se den cuenta de que lo que están diciendo es hiriente o perjudicial para la persona de la que están hablando. Sin embargo, cada vez que se involucran en este comportamiento, puede generar problemas de imagen corporal para la víctima. Con el tiempo, las preocupaciones sobre la imagen corporal dañarán aún más su autoestima si no las abordan directamente.

Otra razón común por la que las personas se involucran en la vergüenza corporal es porque ellos mismos experimentan problemas de imagen corporal. Esto puede ser difícil de ver en ti mismo, pero mira lo que haces cuando te comparas con los demás. A algunas personas les gusta involucrarse en este comportamiento porque las hace sentir mejor acerca de su propia apariencia.

. . .

Si observas esto, comienza por examinar tus propios sentimientos acerca de tu cuerpo y pregúntate si hay algo de verdad detrás de lo que estás diciendo.

Las personas que se avergüenzan del cuerpo son más propensas a sufrir de baja autoestima y mala imagen corporal que aquellas que no se involucran en este comportamiento. En lugar de dejar el tema y preocuparte por cómo te sientes la persona con la que estás hablando, les resulta mucho más fácil ridiculizarlos por verse de cierta manera.

Internet proporciona muchos ejemplos de avergonzados del cuerpo que ridiculizarán abiertamente a los demás por su apariencia. Simplemente busca "imágenes que avergüenzan al cuerpo" en las redes sociales y te encontrarás con innumerables ejemplos de personas que se burlan de los demás o comparten imágenes que se burlan de la apariencia de las personas.

¿Por qué la gente se avergüenza del cuerpo?

Este puede ser un tema amenazante para hablar y, por lo general, no nos gusta hablar de nuestros sentimientos, pero debemos sentirnos lo suficientemente cómodos para hacer preguntas y buscar ayuda si es necesario.

. . .

Si no podemos confrontar estos problemas con las personas que nos hacen sentir incómodos, tal vez queramos encontrar una forma de solucionarlo nosotros mismos.

Como se discutió anteriormente, las teorías sobre por qué las personas se involucran en la vergüenza corporal incluyen la necesidad de control, la baja autoestima y la evitación de la responsabilidad personal. Podemos sentir que tenemos menos poder o control sobre nuestros cuerpos que otros.

Cuando carecen de autoestima y un sentido de logro, algunas personas pueden involucrarse en este comportamiento como una forma de controlar a los demás y sentirse mejor consigo mismos al mismo tiempo.

Las personas con baja autoestima también pueden sentir que no merecen cosas buenas, como un buen cuerpo, pero pueden querer esas cosas de todos modos porque les da un sentido de valor y poder.

Individuos que cometen este delito por miedo al rechazo o al abandono o que detestan su propio cuerpo y quieren evitar sentir que la otra persona también puede tener este comportamiento.

. . .

Las personas que se sienten culpables y avergonzadas por su apariencia pueden tener este comportamiento como una forma de desviar la atención de sus propio aspecto.

La teoría de la comparación social sugiere que si nos comparamos con los demás, nos sentiremos mejor con nosotros mismos y, en consecuencia, sentiremos una mayor autoestima. Pero puede ser un gran logro llegar a ser "objetivamente" mejor que otra persona, e incluso si lo haces, aún puedes sentirte inadecuado y deprimido contigo mismo debido a tus sentimientos internos de inadecuación e inseguridad.

Es fácil culpar y avergonzar a los demás y sentirnos bien con nosotros mismos en el proceso, pero debemos preguntarnos por qué estamos usando nuestras palabras para lastimar a los demás. Si no reconocemos los problemas más profundos de la vergüenza corporal, seguirá ocurriendo.

Si eres víctima de vergüenza corporal, puede ser fácil tomar este comportamiento como algo personal y asumir que la persona que se involucró en estos comportamientos está teniendo una reacción negativa hacia ti. Sin embargo, el comportamiento puede ser solo una forma de sentirse mejor consigo mismos sin tener que admitir que son conscientes de su apariencia.

. . .

A menudo nos involucramos en comportamientos de vergüenza corporal debido a la necesidad de controlar y predecir cómo reaccionarán otras personas a nuestras acciones o decisiones y cómo les afectará a ellos y a nosotros. Hacer esto nos hace sentir mejor con nosotros mismos porque creemos que hemos manejado bien el resultado.

La vergüenza corporal a menudo se usa como una forma de controlar los pensamientos y sentimientos de los demás en un intento de sentirnos mejor con nosotros mismos.

Pero este comportamiento también refleja nuestros valores y creencias sobre los demás y su valor como seres humanos. Podríamos creer que los demás son privilegiados porque son "más atractivos" que nosotros o que son más dignos porque son más ricos o más amados.

La vergüenza corporal es común, pero es importante darte cuenta de que no hay ningún beneficio en burlarte de otras personas por su apariencia. Puede ser difícil detenerlo, pero si deseas modificar la forma en que te sientes acerca de ti mismo o concentrarte en amar quién eres, entonces la vergüenza corporal podría no ser el mejor mecanismo de afrontamiento.

La próxima vez que alguien se burle de ti por tu apariencia o te diga que no le gusta algo de tu apariencia, pregúntate por qué lo hace. ¿Cuál es el beneficio de burlarse de ti o insultar tu apariencia? ¿Simplemente se sienten mejor consigo mismos al menospreciarte o es una forma de llamar tu atención y hacerte sentir inseguro?

En lugar de enfocarte en lo que alguien más dice sobre su cuerpo y el tuyo, enfócate más en lo que sientes y piensas sobre tu propio cuerpo.

Cuando queremos cambiar nuestro propio comportamiento, debemos comenzar con nuestros pensamientos y sentimientos sobre nosotros mismos. Si tenemos baja autoestima o nos sentimos inseguros, es probable que la forma en que vemos el mundo se vea influenciada por estas emociones negativas. Por lo tanto, para cambiar nuestras reacciones hacia los demás y cómo los tratamos, debemos abordar las creencias distorsionadas que alimentan este comportamiento.

Podríamos creer que las personas son "menos atractivas" o menos queridas que nosotros o que tienen ventajas sobre nosotros debido a su apariencia física.

La personalidad del que se avergüenza del cuerpo y cómo desactivarlo

. . .

El avergonzado del cuerpo es una persona que constantemente critica su propio cuerpo o el de otra persona por cualquier signo de imperfección. Por lo general, quieren ser más delgadas, más bonitas, más ordenadas y más sexys. Incluso es probable que piensen que hay algo mal con ellos, en comparación con sus amigos más "perfectos".

El avergonzado del cuerpo generalmente dirá cosas como: "No me pondré eso porque soy muy gordo" o "Nunca me pondré eso porque soy muy bajo". También evitarán cualquier forma de ejercicio. Esta es su forma de mantenerse satisfechos con su estilo de vida porque la idea de comenzar una rutina de ejercicios es un pensamiento abrumador para ellos.

El avergonzado del cuerpo también es el tipo de persona que no comerá nada en lo que no pueda verse reflejado.

Esto no solo es mentalmente insalubre sino que también es físicamente dañino. El avergonzado del cuerpo se puede identificar por la palidez de su piel. La piel que está constantemente pálida, debido a que no come ciertos alimentos, indica que lo más probable es que esta persona sea una avergonzada del cuerpo.

El vergonzoso cuerpo es como el espejo que odian. No pueden soportar la vista de su propio reflejo.

Entonces, en lugar de solucionar el problema, eligen no volver a mirarse a sí mismos.

Su objetivo final es hacer desaparecer su cuerpo. Están demasiado asustados para cambiar quiénes son o lo que hacen.

El que se avergüenza del cuerpo es alguien que mira los cuerpos de otras personas y tiene una visión negativa de sí mismo. Por lo general, se sienten cohibidos por cualquiera de sus defectos y pasarán mucho tiempo enfocándose en lo que no pueden hacer o tener en lugar de lo que pueden. Esto los llevará a no ser los mejores en nada.

Un avergonzado del cuerpo también podría ser una persona que comerá cualquier cosa para perder peso. Esto se hará ayunando o eliminando ciertos tipos de alimentos. Esto puede llevarlos a ponerse en un estado de inanición y, finalmente, anorexia.

El avergonzado del cuerpo evita cualquier situación social que sienta que lo hará quedar mal. Esto puede conducir a una vida de aislamiento, especialmente en un entorno relacionado con el trabajo.

. . .

El avergonzado del cuerpo comparará su cuerpo con las personas que lo rodean. Es muy común que crean que no se ven tan bien como los demás, o que los demás son mejores que ellos. Esta forma de pensar les crea muchos problemas a lo largo de su vida. Constantemente buscan la aprobación de los demás y harán todo lo necesario para recibirla. Sin embargo, el hecho de que nunca estén satisfechos con su apariencia significa que rara vez se logra la autoaprobación.

La idea principal detrás de desactivar este tipo de comportamiento es darte cuenta de que eres hermoso. No solo tu cuerpo sino tu interior. Si no puedes creer eso, intenta mirarte en el espejo y decirlo en voz alta.

No es fácil aceptar algo que puede ser tan difícil de creer.

Incluso puedes comenzar este ejercicio un día y luego olvidarte de él al día siguiente. Pero si deseas desactivar esta forma de pensar, entonces debes estar decidido. Recuerda, nadie más se compara contigo. Eres especial y único.

A veces, la razón por la que nos comparamos con los demás se debe a cómo nos trata la gente. Esto puede conducir a una baja autoestima y otros problemas. Si experimentas esto, hay cosas que debes recordar:

. . .

Imagen Corporal y Autoestima Positiva

1. No todo el mundo quiere atraparte

La situación no siempre se trata de ti. La gente no te trata diferente porque te odie. A ellos tal vez les guste más su propia vida que la tuya. No dejes que sus opiniones te afecten, no permitas que hieran tus sentimientos y no dejes que tengan un impacto en tu forma de actuar.

2. Todo el mundo es bueno en algo

Todos tienen algo en lo que son geniales. Pero por alguna razón, nos suele gustar la gente que es buena en lo que no somos buenos. También tendemos a odiar a las personas que son mejores que nosotros en aquello en lo que somos buenos. Puede ser difícil aceptar que alguien es mejor que tú, pero es necesario hacerlo.

Es natural querer ser el mejor en todo lo que hacemos. Pero no todos pueden ser los mejores. Si realmente quieres que otras personas te aprecien por lo que eres, entonces también te deben gustar por lo que son.

Esto no significa que tengas que ser amigo de todos. Pero significa que debes dejar de pensar en formas de competir con ellos. La aceptación es la clave para vivir una vida más feliz. Si no puedes aceptar a los demás, ¿cómo puedes aceptarte a ti mismo?

. . .

Una excelente manera de superar este problema es rodearte de cosas hermosas. Puedes hacerlo colgando carteles o obras de arte en las paredes o tal vez incluso pintando algo de arte tú mismo. Esto te ayudará a sentirte bien contigo mismo y te dará una sensación de logro.

3. Concéntrate en lo positivo

Es mejor centrarte en las cosas positivas de la vida que en las negativas. Esto puede hacer que tu vida sea mucho más agradable y te ayudará a estar menos estresado.

4. Presta atención a las pequeñas cosas

A veces, la razón por la que no nos gusta la gente es porque son diferentes a nosotros. Todo en ellos parece diferente, y eso puede ser difícil de aceptar a veces. Pero no tiene que ser así.

Siempre debemos prestar atención a las personas que son diferentes a nosotros y apreciarlas por lo que son. Aceptar a los demás y apreciarlos te enseñará todas las cosas positivas de la vida y te ayudará a sentirte mejor contigo mismo.

Cuando nos comparamos con los demás, tendemos a cambiar lo que pensamos de nosotros mismos. Esto puede llevarnos a vernos a nosotros mismos como menos que las personas que tienen más éxito que nosotros. Esto puede causar muchos problemas para nosotros.

Para superar esto, debemos centrarnos en las cosas que nos hacen diferentes de los demás.

Debemos recordar nuestros defectos y las cosas en las que no somos buenos. Pero también debemos centrarnos en nuestras fortalezas y buenas cualidades. Sé honesto contigo mismo. Tienes que aceptar tus debilidades si quieres poder aceptar cualquier otra cosa sobre ti.

Está bien que no estemos bien todo el tiempo. Algunas veces simplemente nos sentimos deprimidos y eso está completamente bien. Una vez que mires la imagen completa, te darás cuenta de que en realidad eres una buena persona.

El núcleo de este problema es nuestra propia inseguridad.

Eso puede ser causado por muchas cosas diferentes: compararnos a nosotros mismos a otras personas, comentarios negativos de nuestros padres o compañeros de clase, y otras cuestiones.

El avergonzado del cuerpo es uno de los tipos más comunes de personas que encontramos en nuestra vida diaria. Es solo otra forma de odio hacia uno mismo con la que tenemos que lidiar en este mundo. Todos tenemos nuestros defectos y todos somos hermosos a nuestra manera especial.

Aceptar eso puede ser difícil, pero es algo que debemos hacer si queremos ser felices con nosotros mismos.

Las distorsiones cognitivas de la persona con problemas de autoimagen

¿La idea de tu cuerpo, la forma en que te ves o lo que otros puedan pensar al respecto te causa gran ansiedad? Es posible que te preguntes si estás haciendo suficiente ejercicio, comiendo demasiada comida chatarra, pasando demasiado tiempo en las redes sociales, todo lo cual te lleva a preocuparte por el aspecto de tu cuerpo. Lo que quizás no sepas es que todos estos pensamientos a menudo son el resultado de patrones mentales llamados distorsiones cognitivas.

Las distorsiones cognitivas que tienden a causar imágenes negativas representativas del cuerpo son:

1. Hipercriticismo, o "comerse a sí mismo".
Cuando uno es autocrítico con su cuerpo, pueden encontrarse comiendo todo lo que ven, o participando en otros comportamientos autodestructivos. Pueden apegarse a estándares poco realistas y repasar las cosas una y otra vez hasta que se sientan como una mierda. A menudo, una persona ni siquiera se da cuenta de que esto está pasando.

Es simplemente algo que ocurre en su cerebro sin su permiso y no tienen control sobre ello.

2. Pensamiento de todo o nada

Esta distorsión describe cómo las personas se ven a sí mismas como buenas o malas en oposición a los tonos normales de gris intermedios (a veces somos buenos, otras veces cometemos errores). Si eres crítico contigo mismo, puedes ver cada pequeña imperfección con disgusto.

Digamos que tienes un grano en la nariz, en lugar de simplemente aceptar que esto es algo que sucede a veces, tú ves esto como una señal de que hay algo terriblemente mal con tu apariencia.

3. Generalización excesiva/Filtrado mental

Esto sucede cuando las personas generalizan los aspectos negativos de un área de sus vidas a toda una categoría de cosas. Tomarán un pequeño problema y pensarán en él como lo único sobre ellos mismos o sus vidas. Digamos que tuviste una mala experiencia con alguien. Puedes ir a las redes sociales y verlos hablando con otra persona. Debido a que te sientes sensible, tu mente comenzará a pensar en todas las cosas malas que experimentaste con esta persona.

También puede ocurrir generalizar demasiado entre las personas.

Si una persona es mala contigo, entonces todos en ese grupo son malos (por ejemplo, "los diseñadores de juegos Flash son idiotas").

4. Etiquetado

Este patrón mental es exactamente lo que parece, la gente asume que solo porque alguien los llamó gordos, esa es la única etiqueta que se les aplica. A menudo adoptarán una etiqueta permanente como resultado de una mala experiencia.

5. Catastrofismo

Cuando las personas catastrofizan sobre un evento, tienden a exagerar sus efectos y piensan que es lo peor que les puede pasar (por ejemplo, "el mundo se acabará si pierdo mi trabajo"). Tomarán un incidente y pensarán que podría destruir toda su vida.

6. Personalización

Esta distorsión es cuando las personas siempre se culpan a sí mismas por los eventos y perciben que todo se trata de ellos.

Estas distorsiones cognitivas afectan a personas de todas las edades, pero a menudo pueden surgir cuando los adolescentes se están desarrollando.

. . .

Si tienes problemas con tu imagen corporal, es posible que desees echar un vistazo a estos patrones en tu forma de pensar. Por supuesto, no son las únicas causas de los problemas de imagen corporal, pero definitivamente son algo que debes discutir si quieres superar los pensamientos negativos sobre tu apariencia.

2

Cosas Que Debe Saber Sobre La Anorexia

¿QUÉ ES LA ANOREXIA?

La anorexia es una enfermedad de la alimentación en la que las personas intentan mantener su peso lo más bajo posible, a menudo no comiendo lo suficiente y/o haciendo demasiado ejercicio. La anorexia a menudo está relacionada con la depresión o la ansiedad.

La anorexia generalmente se encuentra en adolescentes y adultos jóvenes, pero se puede ver en personas de todas las edades.

¿Cuáles son los signos?

. . .

Anorexia significa literalmente 'sin apetito'. Hay una serie de signos de que alguien podría tener un trastorno alimentario.

Algunas personas pueden aumentar de peso, pero luego dejan de comer, lo que conduce a una alimentación insuficiente. Otras personas pueden tomar pastillas para adelgazar para bajar de peso rápidamente, lo que puede causar sequedad en la boca, estreñimiento, dolor de estómago y otros efectos secundarios. La boca seca hace que a una persona con anorexia le resulte más difícil tragar alimentos y podría experimentar neumonía por aspiración, cuando la comida entra en los pulmones en lugar de tragarse correctamente, lo que puede provocar la muerte si no se trata. Otros síntomas incluyen adelgazamiento del cabello, adelgazamiento de la piel, adelgazamiento de los huesos y problemas de crecimiento. La mayoría de estos problemas se pueden revertir si se recibe tratamiento temprano.

Signos y síntomas:

- Negarse a comer ciertos alimentos o comidas.
- Tomar pastillas para adelgazar u otros medicamentos para bajar de peso rápidamente o evitar subir de peso.
- Tener miedo de engordar e intentar mantener un cierto peso por todos los medios posibles (ejercicio extremo, pasar hambre, purgarse después de comer).

- Peso corporal muy bajo con una puntuación de índice de masa corporal (IMC) correspondientemente baja. El IMC se calcula a partir de la altura y el peso de una persona. Un IMC de menos de 18,5 es bajo peso y un IMC mayor de 25 es sobrepeso.
- Estrés, ansiedad o depresión.
- Tener una imagen y sensación corporal de grasa distorsionada incluso cuando se está bajo de peso.
- Obsesión por el peso y la comida. Esto puede incluir contar calorías y leer excesivamente las etiquetas de los alimentos, comprar alimentos saludables y tomar decisiones saludables, y pesarse todos los días y/o varias veces al día.

Ser bueno para ocultar un trastorno alimentario puede hacer que sea más difícil notar los signos de anorexia.

¿Cómo se trata la anorexia?

El primer paso para obtener ayuda es evaluar sus inquietudes con un médico u otro profesional de la salud, quienes pueden ayudarlo a comprender mejor lo que está sucediendo. Si se determina que un trastorno alimentario está causando o contribuyendo a la depresión u otro problema de salud mental, entonces el especialista también puede recomendar un tratamiento para eso. Si su trastorno alimentario interfiere con el trabajo, la escuela, la familia, las relaciones y/o el autocuidado, se puede recomendar un tratamiento ambulatorio.

El tratamiento puede incluir:

- Terapia cognitiva conductual (TCC). Esto le ayuda a aprender formas saludables de pensar y comportarse.
- Terapia de grupo, que es cuando un grupo de personas que han experimentado o se están recuperando de un trastorno alimentario aprenden sobre las experiencias de los demás y cómo sobrellevar la enfermedad.
- Terapia basada en la familia, que utiliza miembros de la familia o personas importantes para ayudar con la recuperación. La terapia basada en la familia puede no ser siempre práctica debido a las circunstancias del paciente o a factores del estilo de vida.
- Entrevista motivacional, que te ayuda a reconocer tus objetivos y trabajar con un equipo de especialistas para crear un plan para promover la salud y el bienestar.
- Terapia individual, que es una oportunidad para que tú hables sobre tus sentimientos y tu trabajo sobre formas de sentirte mejor.

La anorexia es una enfermedad grave.

No tengas miedo de obtener ayuda. Si tu hijo tiene un trastorno alimentario o muestra signos de uno, busca ayuda de la Asociación Nacional de Trastornos de la Alimentación (ANTA). ANTA ofrece recursos en línea, recursos locales en su comunidad y publicaciones gratuitas que pueden enviarle por correo.

Los profesionales de la salud pueden ayudarte a ti o a tu hijo a mejorar. La anorexia es tratable, pero es importante buscar ayuda lo antes posible.

Los médicos pueden recetar medicamentos que pueden ayudarte a mantener un peso saludable. Tu médico también puede recomendarte otros servicios de apoyo, como programas de trastornos alimentarios o asesoramiento.

¿Qué puedo hacer si creo que mi hijo es anoréxico?

Sé consciente de los síntomas de la anorexia y no juzgues a alguien basándote únicamente en su peso. Hable con el médico antes de realizar cambios importantes en su dieta o rutina de ejercicios.

- Mantén un horario de comidas constante que incluya muchas verduras y frutas todos los días.
- Coman juntos y anima a tu hijo a comer lo que tu comes.

- Estate atento a la ingesta de alimentos de tu hijo. Controla el peso de tu hijo con regularidad observándolo todos los días, no solo en público. Cuéntales a otras personas en las que confíes acerca de su pérdida o aumento repentino de peso.

¿Qué causa la anorexia?

Las personas que se vuelven anoréxicas tienden a ser tímidas y demasiado enfocadas en su cuerpo y apariencia. Para algunos, puede deberse a la ansiedad o la depresión, mientras que otros pueden decidir no comer para controlar emociones desagradables como la ira o el estrés.

- Las personas con anorexia pueden temer aumentar de peso, lo que puede conducir a dietas extremas, inanición y atracones.
- El perfeccionismo también es común en las personas anoréxicas. Quieren ser perfectos en todo lo que hacen, lo que puede hacer difícil aceptarse a sí mismos como están.
- Estar expuesto a los medios de comunicación con imágenes poco realistas de la belleza es otro factor que contribuye. Es fácil dejarte llevar a pensar que necesita parecerse a otra persona para ser aceptado o querido.

- Las personas con este trastorno frecuentemente tienen una imagen corporal distorsionada, viéndose ellos mismos como gordos incluso cuando están peligrosamente delgados.
- La anorexia también puede desarrollarse en los niños y adolescentes que temen convertirse más maduros o crecer.
- Algunos jóvenes con anorexia pueden sentirse presionados por amigos, familiares o los medios de comunicación para estar delgados, mientras que otros pueden pensar que su peso es demasiado alto y quieren adelgazar aún más.
- Algunas personas que desarrollan anorexia también sufren de trastorno obsesivo compulsivo (TOC). Pueden sentirse obligados a lavarse las manos o limpiar su casa una y otra vez, por ejemplo, porque tienen miedo de ensuciarse o contagiar a otros.
- Si los padres u otros adultos en la vida de su hijo critican la imagen corporal, esto también puede desencadenar la anorexia.
- Este trastorno tiende a ser hereditario.

¿Quién tiene anorexia?

Cualquiera puede desarrollar el trastorno independientemente de su edad, raza, orientación sexual o situación económica.

Por lo general, comienza en la adolescencia, pero puede comenzar más temprano o más tarde en la vida.

- La anorexia es más común en las mujeres, pero los hombres también están en riesgo.
- Los estudios han encontrado que alrededor del 60% de las personas con anorexia son blancas, y las latinas también se ven más afectadas que las afroamericanas. asiático-americanos son el grupo menos afectado.
- Aproximadamente el 1 % de las mujeres jóvenes y el 0,3 % de los hombres jóvenes entre las edades de 13 y 25 años desarrollan anorexia cada año. Las tasas para adultos mayores no están claras porque la mayoría de los estudios se realizaron en adolescentes o adultos jóvenes.
- La anorexia es más común entre las niñas, pero los niños que la padecen tienden a desarrollar síntomas a una edad más temprana y empeoran más rápido que sus contrapartes femeninas.
- La anorexia es más común entre las personas con trastorno obsesivo-compulsivo, trastornos de ansiedad, depresión y trastornos por consumo de sustancias. También ocurre comúnmente con otras enfermedades mentales.
- La anorexia a menudo resulta de una combinación de influencias genéticas y ambientales que incluyen dieta, estrés o presión para estar delgado.
- El trastorno no está relacionado con los ingresos, la raza o el origen étnico.

- Los problemas físicos y nutricionales causados por la anorexia pueden provocar un sistema inmunitario debilitado y otros problemas de salud, haciéndolo más vulnerable a enfermedades graves.
- Muchas personas con anorexia tienen baja autoestima y miedo a ser criticadas o juzgadas por su apariencia física.
- Algunas personas tienen en mente un número exacto que quieren pesar, por lo que establecen una meta de peso y trabajan para alcanzarla.
- En otros casos, puede parecer que está bien porque su peso es normal, pero aun así puede sentir que podría perder algunas libras. Es posible que esté restringiendo su ingesta de alimentos o participando en rutinas obsesivas de ejercicio.
- Otros pueden estar haciendo demasiado actividad física, lo que puede hacer que su peso caiga.

Si estás pensando en perder peso, habla con tu médico o un consejero. Podrías estar acumulando estrés o ansiedad que te hace sentir que necesitas perder peso para sentirte bien contigo mismo.

Anorexia y vergüenza corporal

La anorexia no se trata solo de comida y peso. También se trata de control y autoestima. Se estima que el 50 por ciento de las personas con el trastorno también sufren de bulimia o atracones.

Las personas anoréxicas suelen sentir que necesitan reducir el tamaño de su cuerpo de alguna manera comiendo más o perdiendo peso para sentirse mejor sobre ellos mismos.

Para muchas personas, la anorexia y otros trastornos alimentarios comienzan como una forma de controlar sus vidas y manejar problemas emocionales como el estrés y la ansiedad, pero a menudo se convierten en una adicción difícil de romper. Cuanto más restrictiva sea su dieta o sus rutinas de ejercicio, más las anhelará, incluso si termina sintiéndose enfermo a causa de ellas.

La anorexia puede ser el resultado de la vergüenza corporal y una visión poco saludable de la comida y el peso.

La vergüenza corporal puede ocurrir de muchas maneras.

Es posible que te insulten o te traten de manera diferente según tu apariencia. Es posible que te presionen para que te mueras de hambre o hagas ejercicio en exceso.

. . .

Alguien podría expresar opiniones negativas sobre tu apariencia, como "Está demasiado gordo".

Algunas personas, especialmente las mujeres, pueden ser más vulnerables a la vergüenza corporal que otras. Es probable que el peso de estas personas tenga un significado más profundo para ellas; puede ser un reflejo de su autoestima o falta de ella.

Sin autoestima, puede sentirse inútil y creer que no merece mejores cosas en la vida. A menudo es el resultado de un pasado traumático como la intimidación y puede provocar ansiedad, depresión e incluso anorexia.

Una persona que se avergüenza de su peso puede tener problemas de baja autoestima y sentir que necesita cambiar su cuerpo. Pueden ganar o perder peso en un intento por ganar poder o sentirse mejor consigo mismos. También pueden sentirse aislados de los demás y creer que solo serán aceptados si pesan cierta cantidad.

Las personas anoréxicas también pueden participar en otros comportamientos poco saludables, como purgas, atracones y ejercicio excesivo, todos los cuales pueden ser comportamientos adictivos. Con el tiempo, puedes desarrollar un trastorno mental como la ansiedad, o sufrir de insomnio, cambios de humor o depresión.

Una persona que se ha avergonzado por su peso podría dejar de ir a la escuela, al trabajo u otros lugares donde teme que se burlen de ella. Incluso podrían deprimirse y volverse autolesivos.

La vergüenza corporal es un problema para muchas personas. Tener vergüenza corporal es la crítica, el acoso o la intimidación dirigidos a la apariencia de alguien, especialmente a su peso. También se conoce como fat-shaming, skinny shaming (estas dos en inglés) o gordofobia. Las personas que se avergüenzan de su cuerpo a menudo se sienten humilladas, ansiosas o incluso suicidas. No obstante, hay formas de defenderse y luchar contra la vergüenza corporal.

¿Cómo obtener ayuda para la anorexia?

El hecho de que tengas anorexia significa que tienes muchos problemas de control que van más allá de la comida y el peso. Necesitas la ayuda de un profesional de la salud mental para lidiar con estos problemas para que puedas obtener la autoestima que se merece.

La anorexia puede poner en peligro la vida si no se trata.

. . .

Si bien existen varias formas de tratamiento, algunas son más efectivas que otras. La terapia cognitiva conductual (TCC) y la terapia de grupo pueden ayudarlo a aprender formas más saludables de sobrellevar la situación que no involucren alimentos ni pérdida de peso. Su terapeuta también puede recomendar medicamentos psiquiátricos para abordar los problemas subyacentes.

Los estudios han encontrado que las personas con anorexia que participan en sesiones de TCC tienen el doble de probabilidades de recuperarse que las que no lo hacen.

Dado que la anorexia es un tipo de adicción, se trata como cualquier otra adicción. Experimentarás la abstinencia de tus obsesiones con la comida, el ejercicio y la pérdida de peso.

La mejor opción para esto es el tratamiento residencial donde puedes quedarte por algunas semanas o meses hasta que aprendas a ser independiente nuevamente. Este no es un proceso fácil. El tratamiento tiene que brindarte la motivación, la estructura y el apoyo necesarios para vencer la anorexia de una vez por todas.

3

Cómo La Vergüenza Del Cuerpo Se Convirtió En Algo Normal En Nuestra Sociedad

La vergüenza corporal se ha convertido en un término general que agrupa la multitud de palabras y comportamientos dirigidos contra cualquiera que no sea flaco, blanco o privilegiado. Sucede en todas partes: en las escuelas, en el trabajo, en la televisión. A menudo lo llevan a cabo profesionales en posiciones de poder. Y está empeorando cada día.

La vergüenza corporal se hizo más popular cuando las revistas comenzaron a publicar artículos sobre cómo debían vestir las celebridades, cómo debían actuar y cómo perder peso. Esto llevó al público a creer que la pérdida de peso se puede lograr para cualquier persona con suficiente fuerza de voluntad, lo que provocó que aún más personas se obsesionaran con su apariencia y, en consecuencia, se avergonzaran de sus cuerpos porque nunca lograron lograr los resultados que querían ver.

. . .

De acuerdo con esta nueva visión, todo el mundo tiene la capacidad de perder peso y convertirse en una reina de la belleza, si sólo actúas de cierta manera y utilizas los productos adecuados. Esta actitud se ve cada vez con más frecuencia en anuncios de productos como píldoras dietéticas y suplementos para bajar de peso.

Otra razón por la que la vergüenza corporal se volvió normal es porque las personas tienden a compararse con los demás. Esto suele estar presente en las escuelas, con niños de hasta cinco años que se burlan de sus compañeros en función de su peso y apariencia. Se informó en una encuesta que más del 60% de las niñas habían sido juzgadas por un aspecto de su cuerpo más de una vez, y más de la mitad desearía cambiar algo en sí mismas.

La vergüenza corporal también puede vincularse a las relaciones de un individuo con los demás. Algunas personas pueden creer que sus familiares o amigos les están llamando la atención porque están gordas. Algunas personas pueden sentirse insultadas por sus familiares porque no están satisfechas con su peso. Algunas mujeres pueden ser insultadas por sus parejas si no están satisfechas con su aspecto físico, e incluso podrían entrar en una relación abusiva.

Estas mujeres pueden volverse cada vez más infelices con sus cuerpos a medida que comienzan a comer compulsivamente como método para olvidarse de sus problemas.

Imagen Corporal y Autoestima Positiva

Hoy en día, a las mujeres se les enseña a amarse a sí mismas pase lo que pase, pero los medios de comunicación también han reforzado la creencia de que se supone que el cuerpo de uno es perfecto. A las mujeres se les dice que deben verse como celebridades o modelos. Estas mujeres a menudo tienen una imagen corporal distorsionada debido a la influencia que los medios tienen sobre las personas.

Dado que las mujeres a menudo utilizan a las celebridades como modelos a seguir, sienten que sus cuerpos deben verse de cierta manera para ser aceptadas. Sin embargo, los cuerpos de estas celebridades a menudo se manipulan editando las fotos u otros potenciadores informáticos para que parezcan más delgados y más "perfectos", lo que lleva a las mujeres y niñas a buscar algo inalcanzable.

Una encuesta realizada por una revista para adolescentes mostró que el 80 por ciento de las niñas quieren ser más delgadas, y tres de cada diez niñas prefieren ser hábiles en algo antes que ser mejores personas.

Las comparaciones mediáticas y sociales han causado muchos problemas con el peso, la belleza y la confianza en uno mismo. La mayoría de las personas intentarán cambiar algo de sí mismas para ser aceptadas por los demás, incluso si eso significa hacerse daño o poner en riesgo su salud.

. . .

Muchas personas no quieren admitir que han sido avergonzadas por su cuerpo. No quieren que los demás piensen que hubo un momento en su vida en que alguien les hizo sentir vergüenza de sus cuerpos. No quieren que sepas cuánto dolió, y ciertamente no te dirán cuánto les afectó.

Pero la vergüenza corporal es una forma de abuso que no podemos ignorar, porque sucede todos los días, desde la forma en que hablamos de nuestros cuerpos cuando las niñas crecen, pasando por la adolescencia hasta la edad adulta como mujeres, madres y abuelas.

Nos está haciendo daño, y debe detenerse porque no es saludable que los adultos participen en esta forma de intimidación más de lo que lo es para los niños. Y ciertamente no es una forma apropiada de tratar a nuestros semejantes.

Deberías avergonzarte si alguna vez has participado en la vergüenza corporal, ya sea diciéndole algo a otra persona o juzgándola en función de su apariencia. Vergüenza para todos nosotros si estamos dispuestos a dejar que esta forma de intimidación continúe sin siquiera tomarnos un momento para pensar en lo que estamos haciendo y cómo afecta a los demás.

¿Qué es la alteridad?

. . .

La otredad es el acto de definir a alguien como diferente o fuera de la norma. La otra persona se vuelve menos que humana, alguien que no es digno de respeto porque es diferente.

Es un acto de intimidación que no siempre es obvio porque ocurre principalmente en los pensamientos de las personas y a sus espaldas. Pero es intimidación, no obstante, con todas las consecuencias negativas que puede conllevar.

Las personas que son otreadas sienten vergüenza y pena consigo mismas porque se dan cuenta de que de alguna manera no se han conformado con lo que se considera normal o aceptable por quienes las rodean. Se sienten como si hubieran sido señalados como diferentes a los demás, lo cual es un sentimiento muy incómodo de tener que soportar.

Aquellos que sienten vergüenza corporal a menudo se sienten avergonzados porque no encajan en las ideas de la sociedad sobre cómo debería ser una persona "normal". Y la sociedad ha hecho un muy buen trabajo al hacernos creer que no somos normales si no nos vemos de cierta manera.

Para encajar en las expectativas de la mente estrecha de la sociedad, se nos ha enseñado a adoptar un enfoque basado en la apariencia para ser mujer.

Cuando nos dicen que hay algo mal con nosotras porque no somos como las otras mujeres en la sociedad, o porque no nos ajustamos a la definición de "normal" de la sociedad, sentimos que hemos sido condenadas al ostracismo y apartadas del resto de la humanidad y convertido en un marginado y un paria sin otra razón que la apariencia de nuestros cuerpos.

Cuando nuestros cuerpos se convierten en algo inaceptable, entonces todo lo que somos parece ser escudriñado y criticado por los que nos rodean. Y luego sentimos que hemos sido juzgados y se han burlado de nosotros, a pesar de que estamos haciendo todo lo posible para encajar en las expectativas de mente estrecha de la sociedad.

Es fácil ver la forma en que las mujeres son tratadas en la sociedad actual sin mirar demasiado de cerca exactamente qué es lo que impulsa estas percepciones sociales de cómo se supone que deben lucir las mujeres. Sabemos que la forma en que se trata a las mujeres es incorrecta, pero puede ser difícil ver con precisión lo que está sucediendo.

4

Avergonzar A Alguien Por Su Delgadez

AVERGONZAR a alguien por su delgadez implica presión social para que aumente de peso o se ajuste a un estándar de belleza esperado o prescrito. La presión puede ser internalizada por el propio individuo, autoimpuesta por miembros de la familia y amigos, impuesta culturalmente por la sociedad en su conjunto o impuesta externamente a través de la publicidad y los medios de comunicación. Los términos despectivos que se utilizan para describir negativamente o "avergonzar" a quienes parecen demasiado flacos incluyen: esqueleto, demacrado, estirado, larguirucho, huesudo, escuálido, frijol.

El avergonzar a alguien por su delgadez no siempre es obvio y puede no ser intencional. En muchos casos, la vergüenza por ser flaco es la forma en que una persona ve a otra debido a su apariencia física.

. . .

La forma en que una persona se ve puede hacer que la gente se avergüence sin siquiera darse cuenta. La forma en que alguien se ve puede evocar una sensación de cognición corporal que lo lleva a pensar subconscientemente que el individuo no es saludable, es débil y no es atractivo.

La vergüenza de estar flaco es un tema controvertido y ha sido objeto de investigación y debate por parte de científicos sociales y profesionales de la salud pública. Muchos argumentan que es el resultado de las expectativas poco realistas de los medios de comunicación y de la sociedad sobre lo que define la belleza. Otros argumentan que la vergüenza por la delgadez está justificada debido a los riesgos médicos asociados con ser muy delgado. No existe una definición o consenso ampliamente aceptado sobre lo que se considera tener un peso no saludable. Se ha sugerido que la medicalización del problema, a menudo a través de las representaciones de los medios de comunicación de la delgadez como un trastorno médico, ha contribuido al problema.

La vergüenza de estar delgado se ha informado dentro de todos los géneros y rangos de edad, pero es más común en las mujeres. Esto puede deberse a la socialización de mujeres y hombres en ideales corporales "populares" o "fitness", que a menudo se consideran muy diferentes.

Algunas investigaciones han encontrado que las adolescentes y estudiantes universitarias que informan preocupaciones sobre el peso y la forma y decepción corporal tienen más probabilidades de ser víctimas de la vergüenza por ser flacas que sus compañeros masculinos.

Dependiendo de los antecedentes culturales de la persona avergonzada, algunas formas de avergonzar a los flacos pueden considerarse más apropiadas que otras. Por ejemplo, algunas culturas consideran inapropiado avergonzar a alguien por ser demasiado delgado o tener bajo peso, mientras que otras lo consideran socialmente aceptable, en base a normas culturales muy diferentes.

La vergüenza de estar delgado se ha asociado con resultados negativos tanto para las personas avergonzadas como para la sociedad en su conjunto. Por ejemplo, la investigación ha sugerido que la vergüenza de ser flaco puede provocar problemas de salud mental, como depresión, ansiedad, baja autoestima y trastornos alimenticios. Las presiones de mantener un peso corporal poco realista pueden llevar a comer en exceso y por consiguiente al aumento de peso. La vergüenza de estar delgado también puede hacer que las personas pierdan oportunidades de participar en actividad física, lo que se ha encontrado que está relacionado con una mejor salud física y mental.

La investigación también ha encontrado vínculos entre la vergüenza por ser flaco y otros problemas sociales.

· · ·

Se ha sugerido que la vergüenza por la delgadez conduce a una menor participación en actividades comunitarias saludables porque las personas no se sienten cómodas estando activas con otras personas si no tienen una apariencia física similar. Además, sentirse avergonzado por ser demasiado delgado también puede hacer que los miembros de la familia y los amigos se alejen de la persona, lo que puede provocar sentimientos de aislamiento y soledad.

También se ha descubierto que la vergüenza por la delgadez tiene un impacto negativo en la sociedad porque puede conducir a la discriminación, particularmente en el lugar de trabajo. Las personas son juzgadas con mayor severidad cuando tienen un aspecto más débil que quienes las rodean, ya que esto a menudo se asocia con una baja competencia o un desempeño deficiente. En última instancia, el miedo a ser avergonzado puede hacer que las personas abandonen importantes oportunidades de empleo o promociones, o puede hacer que eviten solicitar puestos de trabajo.

La vergüenza de ser delgado a menudo se etiqueta como una forma de vergüenza gorda. Esto se debe a que la representación física más común de la vergüenza por ser flaco es a través de comparaciones con personas obesas o con sobrepeso. Se considera que las dos formas de avergonzar están muy relacionadas y se ha encontrado que en la mayoría de los estudios relacionados con el estigma y la discriminación relacionados con el peso se superponen en la mayoría de las áreas.

Incluso las celebridades y las figuras públicas han sido víctimas de la vergüenza por ser flacas. Un ejemplo famoso es la actriz, modelo y presentadora británica. Ha sido abierta y sincera sobre su lucha contra un trastorno alimentario y ha criticado la vergüenza de ser flaca en numerosas ocasiones en sus plataformas de redes sociales. Una vez, compartió una foto de sí misma inclinándose hacia atrás en traje de baño para mostrar sus abdominales. Ella subtituló la foto "para que pueda llegar al final de esta cosita". También ha escrito sobre cómo se avergonzó por ser "demasiado grande" a los 13 años, lo que la llevó a desarrollar un trastorno alimenticio.

Muchos informes han demostrado que hay altas tasas de vergüenza por ser flaco entre el público en general.

A pesar de las críticas que se han planteado, la vergüenza por ser flaca todavía puede verse como una forma de empoderar a las mujeres al alentarlas a salir de la posición vulnerable en la que están siendo avergonzadas. También puede verse como una forma de mostrar preocupación por las personas que están siendo avergonzadas si el propósito de hacerlo es fomentar hábitos saludables, en lugar de humillarlas públicamente.

¿Se puede combatir la vergüenza de ser flaco?

. . .

La vergüenza de ser flaco se puede combatir reconociéndola como una construcción social y no como una representación de la realidad. Al darse cuenta de que se puede combatir la vergüenza de ser flaco, los jóvenes en particular pueden convertirse en adultos más sanos y felices.

La vergüenza de ser flaco también se puede combatir haciendo ejercicio. Al participar en actividad física, las personas pueden mejorar su calidad de vida. Además, participar en actividad física conduce a varios beneficios para la salud mental, incluida la disminución de los sentimientos de depresión y el aumento de la autoestima.

Si bien es posible que la vergüenza por ser flaco no se borre por completo de la sociedad, hay cosas que uno puede hacer para reducir los efectos que tiene en la vida de uno. El primer paso es entender que tener bajo peso no es necesariamente malo o poco saludable. Hay muchas personas que prefieren ser flacas que tener sobrepeso u obesidad. Al entender que estar bajo de peso es intrínsecamente nocivo para la salud, las personas pueden empezar a sentirse mejor consigo mismas.

El siguiente paso es saber que la vergüenza por ser flaco no siempre se refiere solo al peso de una persona. A veces puede referirse a la apariencia o actitud de alguien.

. . .

Al comprender que la vergüenza de ser flaco puede estar relacionada con cualquiera de estas cosas, las personas pueden luchar contra el efecto que tiene en sus vidas.

Lo tercero y último que uno puede hacer para dejar de verse afectado por la vergüenza flaca es no sentirse avergonzado de su cuerpo. Si un individuo no se siente avergonzado de su cuerpo, entonces puede comenzar a aceptarse a sí mismo por lo que es.

La conclusión es que la vergüenza de ser flaco puede reducirse si se reducen las estructuras que lo sustentan y se amplía el concepto de belleza para representar la diversidad física. Las personas deben hacer todo lo posible para defender a otras personas que están siendo avergonzadas por su cuerpo, ya sea que la persona avergonzada tenga sobrepeso o peso insuficiente.

5

¿Cómo Afecta La Vergüenza Corporal A Las Mujeres?

La vergüenza corporal es perjudicial para todos los géneros y puede conducir a una baja autoestima y depresión, pero tiene un impacto especialmente nocivo en las mujeres. Aquí, hablaremos sobre cómo la vergüenza corporal afecta a las mujeres y qué podemos hacer al respecto.

Con el movimiento de mujeres en pleno apogeo, la sociedad ha dado pasos agigantados al aceptar a aquellas que no encajan en los estándares de belleza tradicionales. Las modelos de tallas grandes están comenzando a recibir fama generalizada a medida que las personas aceptan las diferentes formas y tamaños como algo hermoso, no solo como algo digno de los comentarios negativos que hemos internalizado a través de siglos de representación en los medios.

. . .

Pero si bien estamos progresando en la aceptación de diferentes tipos de cuerpos, todavía tenemos un largo camino por recorrer. Las industrias de los medios y la publicidad continúan obligando a su público a avergonzarse del cuerpo y adoptar estándares de belleza poco realistas. Estas representaciones dañinas del envejecimiento nos engañan haciéndonos creer que necesitamos ser más delgados, más musculosos o tener senos más pequeños para ser considerados atractivos.

Las críticas al cuerpo de las mujeres tienden a centrarse en sus atributos físicos más que en sus cualidades como seres humanos, particularmente cuando los hombres están detrás de los comentarios. A menudo, los hombres verán a una mujer que consideran atractiva y rotundamente la llaman gorda aunque no lo sea solo porque quieren su atención.

Este fenómeno es extremadamente dañino para la psique, especialmente si nos sucede de manera regular. Cuanto más nos digan que somos feos o gordos, más probable será que lo creamos nosotros mismos. Y si alguien nos dice algo las suficientes veces, internalizamos sus conceptos erróneos como nuestras propias creencias, incluso si son completamente falsas. Las niñas que internalizan estos ideales crecen y se convierten en mujeres que piensan que deben tomar medidas extremas, como dietas radicales o cirugías estéticas, para estar a la altura de un estándar de belleza poco realista.

· · ·

Así es como las mujeres se ven afectadas por la vergüenza del cuerpo:

Crear una imagen corporal negativa

Los falsos estándares de belleza son los efectos más comunes de la vergüenza corporal. Las mujeres son evaluadas con base en sus cuerpos, no en sus habilidades o logros. Esto puede tener un efecto negativo en la autoestima y la confianza, y puede conducir a la depresión.

Las mujeres que se avergüenzan de su cuerpo también tienden a pensar negativamente sobre sus cuerpos. Comienzan a sentirse poco atractivos, como si les faltara algo debido a su genética o color de piel. Esto puede llevarlos a creer que no son dignos de ser amados y que no son atractivos a los ojos de los demás.

Trastornos de la alimentación

Los trastornos alimentarios son un resultado directo de la vergüenza corporal porque las mujeres a las que se les ha dicho que sus cuerpos no son lo suficientemente buenos intentarán cambiar haciendo dietas extremas o tomando drogas peligrosas para perder peso.

. . .

Esto puede conducir a conductas alimentarias desordenadas, como atracones e incluso hábitos de ejercicio desordenados, como hacer demasiado o muy poco ejercicio.

Todos estos comportamientos pueden conducir a problemas de salud graves.

A pesar de los esfuerzos de la sociedad por combatir los mitos comunes que acompañan a los problemas de imagen corporal, no es de extrañar que muchas personas todavía tengan estereotipos sobre cómo deben verse las mujeres. La gordura es vista como un gran signo de inferioridad y las mujeres que tienen más de cierto peso son vistas como poco atractivas.

Cirugía plástica

En una sociedad donde a las mujeres se les dice repetidamente que sus cuerpos no son lo que los hombres quieren, no sorprende que tantas mujeres decidan cambiar drásticamente sus cuerpos en un intento por complacer al sexo opuesto. La cirugía de aumento de senos se ha vuelto extremadamente popular debido a todas las diferentes representaciones de los medios que muestran a mujeres delgadas con pechos grandes.

. . .

Según un estudio de 2015, casi una cuarta parte de los procedimientos de cirugía plástica se centraron en los senos de una mujer y otro 10 % se centró en los glúteos.

Hacerse daño a uno mismo

La investigación ha encontrado que una de cada cinco mujeres jóvenes respalda los comportamientos de autolesión como una forma de hacer frente a los problemas de imagen corporal. A menudo hacen esto cortándose con hojas de afeitar o tomando una sobredosis de productos farmacéuticos. Estas mujeres también tienen muchas más probabilidades de ser diagnosticadas con un trastorno alimentario, que está directamente relacionado con la vergüenza corporal en los medios.

Baja autoestima

En un mundo donde el valor de las mujeres se mide únicamente por el tamaño de sus senos y caderas, no sorprende que comiencen a despreciar sus cuerpos. Las mujeres que se avergüenzan de su cuerpo tienden a tener baja autoestima y se ven a sí mismas como menos competentes que otras personas.

. . .

La vergüenza corporal afecta a ambos géneros, pero hace la vida más difícil para las mujeres porque nuestra sociedad aún no acepta ni fomenta diferentes formas y tamaños en las mujeres, como lo hacemos con los hombres. Las mujeres todavía están sujetas a estándares de belleza poco realistas con los que los hombres no tienen que lidiar y, como resultado, su autoestima se resiente. Estos estándares también llevan a las mujeres a pensar negativamente sobre sus cuerpos y, en consecuencia, las hacen más propensas a someterse a procedimientos de cirugía plástica riesgosos.

Suicidio

La depresión y el suicidio a menudo están relacionados con problemas de imagen corporal debido a los pensamientos negativos internalizados que resultan de pensar que eres menos que perfecto que otras personas. Muchos jóvenes que intentan suicidarse han sido llamados "gordos" o se han burlado de ellos por su apariencia. En una sociedad que presiona a las mujeres para que se vean de cierta manera, no sorprende que estas niñas tomen medidas drásticas cuando no logran vivir de acuerdo con estos ideales.

En un estudio realizado por investigadores de la Universidad de Pittsburgh, se descubrió que la imagen corporal influye mucho más que el peso real en la depresión y las conductas autolesivas en niños y niñas preadolescentes y adolescentes.

Este estudio también mostró cuánto los medios de comunicación influyen en el suicidio las tasas entre ambos géneros: los hombres fueron influenciados por la violencia en los medios, mientras que las mujeres fueron influenciadas por los estándares de belleza y eventos como la noche de graduación.

Preocupación por el peso

Los medios de comunicación nos dicen constantemente que hay algo mal con nuestros cuerpos y se supone que debemos avergonzarnos de ellos.

Cuanto más pensamos en nuestros defectos, más nos fijamos en ellos y se convierten en todo lo que podemos ver. Se vuelve imposible para nosotros dejar de pensar en cómo podríamos mejorar si tan solo pudiéramos perder algunas libras o aumentar algunas curvas más, todo estaría bien, ¿verdad? Estás equivocado. Nunca podrás cumplir con estas expectativas sin importar cuánto lo intentes porque son completamente irreales.

Disminución de la calidad de vida

Cuando estás pensando constantemente en tus defectos físicos, tu mente no puede concentrarse en otras cosas.

Tu vida comienza a parecer vacía porque te falta la capacidad de estar presente en el momento. No puedes disfrutar de nada porque siempre te preocupas por cómo te ves.

Estos pensamientos se apoderan de nuestras mentes y se vuelve imposible vivir una vida normal. No podemos concentrarnos en el trabajo escolar o disfrutar de actividades sociales sin pensar en estos temas. Esta es la razón por la que la depresión y la ansiedad son tan comunes entre las mujeres que tienen problemas de imagen corporal; simplemente no es saludable estar tan preocupada por cuestiones que no importan tanto como creemos que lo hacen.

Incapacidad para tener sexo

En un estudio publicado en el Journal of Adolescent Health, se descubrió que los hombres jóvenes tienen menos probabilidades de tener relaciones sexuales con parejas que consideran que tienen sobrepeso. Esto ha afectado drásticamente la autoestima de muchas mujeres y las ha llevado a tener miedo a la intimidad porque han sido rechazadas mucho en el pasado. La expectativa de que solo las chicas delgadas pueden tener relaciones sexuales también está detrás de muchos casos de acoso sexual, porque los hombres a menudo creen que tienen derecho al cuerpo de las mujeres cuando se ven de cierta manera.

. . .

Estos son los efectos nocivos de la vergüenza corporal en las mujeres, pero ¿qué podemos hacer al respecto?

Podemos empezar simplemente aceptando a las personas por lo que son en lugar de juzgarlos por su tamaño.

Cuanto antes aceptemos que todos somos diferentes y que no hay una forma incorrecta de que alguien exista en este mundo, más felices serán todos. Lo más que podemos hacer por nuestros cuerpos es honrarlos y tratarlos con respeto. No deberías tener que odiar tu cuerpo ni tener miedo de él, ¡deberías poder amarlo tal como es y que no te importe lo que los demás tengan que decir al respecto!

¿Por qué las mujeres son propensas avergonzarse de su cuerpo?

Aunque esto es algo que también les sucede a los hombres, afecta más a las mujeres debido a los mitos que avergüenzan al cuerpo y que nuestros medios de comunicación refuerzan constantemente. Estos mitos dificultan que las mujeres se sientan cómodas consigo mismas y, a menudo, las llevan a intentar cambiar su apariencia. ¿Por qué estas ideas sobre cómo las mujeres deberían verse tiene un efecto tan terrible en ellas?

. . .

Aquí están las 10 razones principales por las que este es el caso.

1. Comparaciones con otras mujeres

Todos tenemos este desagradable hábito de compararnos con otras personas, pero es especialmente frecuente entre las mujeres. Dado que se espera que nos ajustemos a los estándares de belleza de la sociedad, a menudo vemos a otras mujeres como medidas y nos comparamos con ellas.

Las mujeres que pesan más que otras se sienten menos atractivas y no sienten que tengan cuerpos lo suficientemente buenos como para convertirse en modelos a seguir para las jóvenes.

2. Expectativas en cuanto a nuestra apariencia

Cuando se nos recuerda constantemente cómo debemos lucir, nuestras expectativas sobre nosotros mismos comienzan a cambiar. Nos acostumbramos a la idea de que debemos esforzarnos al máximo para lucir de cierta manera y que así seremos aceptados por la sociedad. Empezamos a pensar que si no cumplimos con estos estándares, la gente nos encontrará poco atractivos y no merecedores de su atención. Esto no solo nos hace infelices con nosotros mismos, sino que también puede llevarnos a deprimirnos.

3. Obsesión por el peso y el tamaño

Nuestra obsesión con el peso y el tamaño afecta la forma en que pensamos acerca de la nutrición, ya que nos anima a ver ciertos alimentos como "buenos" y otros como "malos". Esto hace que ignoremos el hecho de que algunos alimentos no son tan malos como se supone que debemos creer que son. Un buen ejemplo de esto es la grasa. Comemos productos sin grasa porque nos dicen que nos harán adelgazar, pero esto a menudo conduce a que las personas desarrollen trastornos alimentarios; muchas mujeres piensan que necesitan estar muy delgadas para ser consideradas atractivas.

4. La idea errónea de que ser delgado es atractivo

Si piensan que están demasiado gordas, muchas mujeres intentarán hacer dieta y hacer ejercicio para adelgazar, lo cual es mucho trabajo y puede ser dañino para el cuerpo a largo plazo. No necesitamos centrarnos en nuestro peso y no debemos sentir que necesitamos estar delgados para ser atractivos.

5. Dieta

Ser delgado no es el único medio para ser considerado atractivo, pero la sociedad lo ha hecho parecer así. Se pone énfasis en la dieta, en nuestros intentos por adelgazar. Se nos enseña que ser delgado significa ser hermoso y es parte de la razón por la cual muchas mujeres tienen trastornos alimentarios. Lo único que debería preocuparte es tu salud y el hecho de que todos merecen sentirse bien consigo mismos.

. . .

6. Nuestra necesidad de ser perfectos

Cuando a las mujeres se les recuerda constantemente cuánto trabajo deben dedicar a su apariencia, comienzan a sentir que nunca serán lo suficientemente buenas para los estándares de la sociedad. Nos sentimos presionados por tener un cabello perfecto, una piel impecable y una figura delgada. Estamos tan atrapados tratando de lograr esta perfección que nos olvidamos de disfrutar de nuestras vidas. Se nos dice que necesitamos maquillarnos para vernos bien y que debemos usar las últimas tendencias de la moda si queremos ser aceptados, pero todo esto es una tontería.

7. Acoso sexual

No es ningún secreto que a la gente de nuestra sociedad le gusta cosificar a las mujeres y no es porque les gusten nuestras personalidades y mentes, ¡sino porque solo nos quieren por nuestros cuerpos! Es deprimente que nuestra sociedad haya llegado a aceptar este acoso, ¡pero eso no significa que debamos dejar que se salgan con la suya! Si sientes que alguien te está acosando, simplemente recházalo sin sentirte avergonzado.

Toda esta vergüenza corporal se detendría si las mujeres no tuvieran miedo de defenderse.

8. La imagen ideal de una mujer

. . .

Puede ser difícil negar que en nuestra sociedad se espera que las mujeres logren la imagen "ideal" para ser consideradas atractivas. Es por eso que necesitamos cambiar la conversación. Necesitamos hablar de lo que nos hace felices, en lugar de centrarnos en las opiniones de los demás. ¿Qué tal si nos enfocamos en las cosas que realmente importan, como lo que nos da alegría y el hecho de que todos somos hermosos a nuestra manera única?

9. Imagen corporal y vergüenza por la grasa

Con demasiada frecuencia, las mujeres se avergüenzan de ser gordas porque se les dice que tienen que ser delgadas para ser consideradas atractivas. ¡Esto es ridículo! Está bien tener sobrepeso siempre y cuando te sientas cómodo contigo mismo. ¡Lo único que debes intentar cambiar es tu dieta, no tu cuerpo en sí!

10. La idea de que nuestros cuerpos son lo único que importa

La imagen corporal es bastante importante, pero lo que piensen los demás no debería ser lo primero por lo que deberíamos preocuparnos. ¿Por qué nos enfocamos en las opiniones de otras personas sobre nuestra apariencia cuando lo que más importa es cuán felices estamos con nosotros mismos? La sociedad nunca cambiará hasta que las mujeres dejen de centrarse en las opiniones de los demás y empiecen a preocuparse por sus propias vidas.

. . .

La sociedad se ha centrado en la apariencia durante años, pero nunca vamos a cambiar la forma en que nos vemos a nosotros mismos si no iniciamos una conversación real sobre estos temas. Necesitamos ser felices con nosotros mismos antes de que podamos enseñar a otras personas cómo nos deben tratar y cómo deben valorarnos.

6

La Objetificación Del Cuerpo De La Mujer

¿QUÉ SIGNIFICA LA OBJETIVACIÓN?

Esta palabra tiene dos significados que están relacionados entre sí. El primer significado es el acto de tratar a alguien como un objeto físico, por ejemplo, cuando tratas a otra persona como si solo fuera buena por su apariencia. El segundo significado es cuando muestras demasiado interés en la apariencia de alguien y en lo que haces sexualmente.

Cuerpos de mujeres y normas culturales

Como sabemos, la sociedad humana es muy diversa. Sin embargo, cuando observamos la forma en que las personas en diferentes sociedades tratan a las mujeres, podemos ver que hay muchos puntos en común. En muchas sociedades, las mujeres tienen pocos derechos.

En numerosos lugares del mundo, a las mujeres no se les permite poseer tierras ni tener cuentas bancarias a su nombre. En algunos países no es raro que un esposo golpee a su esposa o incluso la mate si sospecha que es adúltera. En las sociedades africanas tradicionales, es común que los hombres se casen más de una vez y tengan relaciones con muchas mujeres al mismo tiempo para poder tener muchos hijos.

En todos estos lugares, las normas sociales que rigen el comportamiento de las mujeres son muy diferentes a las que siguen los hombres. No es casualidad que la mayoría de estas reglas impongan restricciones a lo que hacen las mujeres, tanto en público como en privado.

En muchas sociedades, se espera que una mujer se vista con modestia y evite hablar demasiado en público. Se espera que se comporte con modestia durante su vida cotidiana, así como en su trato con otras personas. Si una mujer está casada, se espera que obedezca a su marido y haga las cosas como él quiere. En muchas sociedades, ni siquiera se le permite tener su propio nombre o identidad. En algunos lugares, ni siquiera puede caminar por la calle sin que la acompañe un miembro masculino de la familia.

En cualquier cultura, hay individuos que tienen más poder que otros. En la mayoría de las sociedades, los hombres tienen más poder que las mujeres.

En algunos lugares, un esposo puede decidir legalmente el destino de su esposa y hacer que la encarcelen si cree que ella ha hecho algo malo. En otros lugares, un hombre puede obtener el divorcio simplemente porque lo desea, dejando que su esposa se las arregle sola y con sus hijos.

Las mujeres que no se ajustan a las normas culturales a menudo son penalizadas por esto, interrumpiendo sus vidas o incluso amenazándolas porque su comportamiento se considera moralmente incorrecto.

¿Cómo afecta la objetivación a las mujeres?

Las mujeres a menudo son sexualizadas porque las partes de su cuerpo se consideran más atractivas que cualquier otra cosa sobre ellas. Es posible que se desalienten de centrarse en cualquier cosa que no sea su apariencia física porque esto es lo que creen que los hará más atractivos para los hombres (que a menudo quieren que las mujeres sean terriblemente delgadas).

También puede suceder que un hombre le haga algo a una mujer por deseo sexual y ella se moleste mucho por eso. En estas situaciones, no importa lo que lleve puesto la mujer o su apariencia. Ella es vista puramente como un objeto sexual.

. . .

En muchos casos, el hombre se alejará sin prestar atención a lo que ella tiene que decir o por lo que está pasando porque no siente ninguna compasión por sus sentimientos.

Al ver a las mujeres puramente como objetos sexuales, alentamos el tratamiento de ellas como mercancías y no como seres humanos. Alentamos a los hombres y niños a que vean a las mujeres de esta manera, y les permitimos hacerlo porque les hacemos sentir que no pueden evitar sus acciones o sentimientos.

Cuando clasificamos a una mujer, le decimos que lo único de valor que tiene es su sexualidad. Aunque esto no le da a nadie licencia para atacarla o aprovecharse de ella, muchas personas piensan que sí. ¡Algunas personas incluso creen que ver a una mujer en público es una invitación para que la cosifiquen! Estos son solo algunos ejemplos de cómo ser visto como un objeto limita el potencial de las mujeres.

¿Por qué ocurre la cosificación de las mujeres y cómo podemos detenerla?

La objetivación de un grupo de personas es común porque es natural categorizar las cosas en grupos. También vemos que diferentes partes del mundo tienen diferentes patrones de lo que consideran atractivo.

. . .

En algunos lugares es común tener hombres y mujeres con figuras más llenas mientras que en otros lugares se considera normal que las mujeres sean dolorosamente delgadas.

La cosificación de la mujer a veces se considera tan normal y aceptable que ni siquiera se cuestiona. Entonces, ¿cómo podemos detener esto?

Lo primero que podemos hacer es ser conscientes de lo que vemos y de cómo pensamos sobre las cosas. Si vemos a alguien simplemente como un objeto sexual, debemos tratar de enfocarnos más en ellos como una persona completa en lugar de solo enfocarnos en su cuerpo. También deberíamos pensar más allá de nuestras propias experiencias sobre qué tipo de trato se consideraría bueno, malo o correcto.

También podemos elegir si queremos ser parte de una sociedad que cosifica a las mujeres o una que las respeta como iguales. Podemos hacer esto practicando el respeto por los demás y tratándolos con la dignidad humana básica.

También podemos ayudar a cambiar la forma en que las personas piensan acerca de las mujeres al enseñarles a los hombres a ser responsables de sus sentimientos y pensamientos.

. . .

En algunos lugares donde la mujer ha sido deshumanizada durante muchos años, se ha pensado que la única forma de liberar a la mujer de las restricciones de ser vista como un objeto sexual es luchar contra ello con violencia. En unos pocos casos, esto es cierto, pero en otros lugares podemos liberarnos de ser vistos como un objeto sexual centrándonos en nuestra humanidad y tratando a los demás con respeto.

Aunque a menudo es difícil de hacer, es importante trabajar en esto si queremos un mundo mejor para las mujeres. No se trata de culpar a nadie por cómo ven a los demás, sino de superarnos a nosotros mismos. Se trata de hacernos responsables de cómo vemos a las personas y de lo que les hacemos a los demás. Se trata de enfrentar el hecho de que la única forma de evitar que nuestro mundo trate a ciertos grupos de personas como objetos es cambiar la forma en que nos tratamos a nosotros mismos.

¿Cómo afecta la cosificación a las relaciones de las mujeres con los hombres?

Un hombre puede tratar a una mujer de manera diferente debido a las partes de su cuerpo y puede que no aprecie lo que ella tiene para ofrecer en términos de relaciones o apoyo emocional. También podría terminar una relación con una mujer porque descubrió que ella era sexualmente activa en algún momento de su pasado o que tenía una identidad sexual diferente a la suya.

Los hombres también pueden sentir la necesidad de "mejorar" de una mujer a otra simplemente en función de sus atributos físicos. Esto podría enviar a las mujeres por un camino de autodesprecio y abuso físico, lo cual no es bueno para ninguna de las personas involucradas, especialmente para los niños.

Por el contrario, una mujer cuyos atributos físicos son muy apreciados podría terminar con un hombre que no la aprecia más que como un objeto sexual. Esto puede continuar a lo largo de su relación, causando que la mujer comience a odiarse a sí misma por lo que tiene para ofrecer.

También puede crear dificultades en el matrimonio o en las relaciones sexuales íntimas.

Las mujeres pueden sentirse presionadas para hacerse implantes o cirugía plástica simplemente porque no cumplen con ciertos estándares de belleza o porque quieren volverse más deseables sexualmente. Estas mujeres pueden ser juzgadas y, a veces, ridiculizadas por sus cuerpos y este tipo de trato puede dañarlas mucho. Esto también sucede en los hombres, pero rara vez escuchamos sobre esto porque no es tan común como lo es para las mujeres.

A lo largo de la historia, tanto hombres como mujeres se han sentido cosificados.

A pesar de que las mujeres se ven más comúnmente afectadas por eso, los hombres todavía se ven afectados por él.

Necesitamos hacer un esfuerzo para tratarnos bien porque somos seres humanos que merecemos respeto, sin importar nuestra apariencia o cuánto dinero tengamos. Para hacer esto, necesitamos trabajar en nosotros mismos en lugar de culpar a los demás por la forma en que nos ven.

7

La Ira De Las Mujeres En Nuestra Cultura De La Vergüenza Del Cuerpo

Hay un tipo particular de ira femenina que con frecuencia se pasa por alto y se margina, y se muestra con más fuerza cuando surgen problemas de peso y dieta. Esta ira se manifiesta como sarcasmo, resentimiento y desprecio por quienes nos rodean, pero también a veces como acciones violentas contra las mismas personas en las que fuimos educados para confiar; nuestros proveedores de atención médica.

Los términos contemporáneos para esta ira pueden ser difíciles de entender: el término "vergüenza por la grasa" se usa para describir las formas en que las personas con sobrepeso u obesas son tratadas como perezosas, poco saludables o como menos que pero tales comentarios también pueden venir de aquellos que se sienten obligados no sólo a hacer más ejercicio y comer menos, sino también a corregir la alimentación y el peso corporal de los demás.

. . .

Vemos esto en los comentarios hechos por aquellos que viven en lo que ahora se llama "la cultura de la dieta" que señalan las fallas en los cuerpos de sus seres queridos, así como por aquellos que se sienten obligados a comentar específicamente sobre la elección de alimentos y el peso corporal de personas que no conocen. Es un tema complejo y difícil de manejar, y vivimos en una cultura que no lo hace más simple.

El problema comienza con la suposición de que las mujeres deben ser más pequeñas si queremos ser valoradas. Esta definición estrecha de la feminidad presupone que no solo queremos que nuestros propios cuerpos sean pequeños, sino que también necesitamos el aporte y la aprobación de los demás para hacerlo. La socialización que obtenemos de los medios, el marketing masivo, el entretenimiento y otras formas culturales no se puede resistir fácilmente. Considere lo que nuestra cultura nos dice: debe sentir vergüenza por su cuerpo si no es delgada y bonita, y debe tratar de arreglarlo para volverse delgada y bonita. Esta socialización es peligrosa no solo para las personas a las que enseña a odiar sus propios cuerpos, sino también para las personas a las que enseña a odiar a los demás.

Ahora, sé lo que estás pensando. "¡Esto no puede ser verdad!" Estás pensando que la idea de que las mujeres se odien entre sí no es posible, porque las mujeres son hermanas, madres, hijas y amigas. Estás pensando esto porque esto es lo que crees sobre ti mismo.

Y te creo cuando dices esto. Porque como la mayoría de las mujeres en nuestra sociedad, me criaron para creer que mi cuerpo era vergonzoso y defectuoso de alguna manera (no te estoy diciendo cosas que aún no sabes).

Fat-shaming (vergüenza de la grasa) es más que solo criticar a las personas que son más grandes, también se trata de reducir el valor de sus cuerpos. Es más que menospreciar a las personas porque son corpulentas, se trata de menospreciarlas porque no son delgadas. Es mostrarles que no importa cuánto lo intenten, no pueden ser lo que tú quieres que sean. Los está haciendo sentir mal consigo mismos porque sus cuerpos no encajan en el molde que la sociedad ha hecho para ellos.

La vergüenza por ser gorda devalúa precisamente lo que nos convierte en niñas, mujeres y ancianas: nuestro contenedor físico. Nos impide ser vistas como una persona completa, una mujer completa con una personalidad y una historia y un futuro. Es tratar algunos cuerpos como si valieran menos que otros, algunos cuerpos como no del todo correctos o aceptables o incluso humanos.

La vergüenza a menudo se enmarca como un problema personal, pero no lo es. Se trata de nuestros cuerpos y de cómo son valorados en nuestra cultura.

. . .

Se trata de nuestros cuerpos y de cómo somos moldeados por las culturas que nos hicieron. Por eso creo que es tan importante hablar de estos temas.

Necesitamos aceptar que nuestros cuerpos no son vergonzosos. Creo que como feministas, como mujeres que pensamos críticamente sobre el mundo y sobre nuestro propio cuerpo, podemos reconocer que todas sentimos vergüenza porque vivimos en una sociedad que nos enseña a odiar nuestro cuerpo. Podemos afrontar los problemas del peso, las dietas, la comida y las grasas aceptando primero que esto es lo que sucede: aprendemos a odiar. Aprendemos que nuestros cuerpos son menos que. Aprendemos que hay algo mal con nosotros porque no somos perfectos. Esto no es nada nuevo, esta es la misma socialización que ha hecho que todos los demás miembros de nuestra sociedad acepten el odio a la grasa como perfectamente normal y natural.

No podemos cambiar ninguno de los puntos de vista de la cultura sobre la gordura, la delgadez o el atractivo, pero podemos cambiar la forma en que vivimos dentro de esos límites. Primero tenemos que reconocer que estamos viviendo dentro de esos límites. Entonces podemos reconocer que lo que queremos es más que delgadez o control sobre nuestro cuerpo, sino confianza y amor propio. Y finalmente, podemos reconocer que lo que necesitamos es estar enojados con la cultura que nos enseñó estas cosas y las personas en nuestras vidas que nos dijeron que eran ciertas.

. . .

Imagen Corporal y Autoestima Positiva

Se ha normalizado en nuestra sociedad burlarse de cualquier parte de tu cuerpo que no te guste. Se te pedirá que hagas dieta, hagas ejercicio, te cambies de ropa, te cambies de cabello y cambies tus productos para el cuidado de la piel, todo para hacer que tu cuerpo sea "más aceptable" porque es demasiado baja, demasiado alta, demasiado gorda, tetona o no suficientemente tetona. La vergüenza por ser obesa se usa como una forma de controlar el cuerpo de la mujer mediante el uso de la vergüenza y el estigma porque supuestamente la gordura implica otras características defectuosas.

Si parece que este es un fenómeno reciente, esa mujer nunca podría haberse odiado antes de ahora, piénsalo de nuevo. Piensa en las formas en que las mujeres han sido tratadas históricamente, a través de los procesos de colonización, ocupación militar, esclavitud y opresión. Y piensa en cómo se utilizó este tratamiento para definir la feminidad: tu feminidad. Cuando estás oprimida por el colonialismo, te dicen que eres menos que una mujer porque no eres blanca, o porque no eres cristiana, o porque la gente decide tratarte como una esclava en lugar de como una persona.

Por lo tanto, es importante ser crítico con las formas en que se politizan nuestros cuerpos. Esto significa reconocer no sólo cómo estos procesos de deshumanización y opresión socavan nuestra autoestima, autoconfianza y amor propio, sino también cómo promueven una cultura de la vergüenza y el estigma que se usa contra todas las mujeres.

Durante demasiado tiempo, se nos ha enseñado a aceptar esta cultura de la vergüenza y el estigma como algo normal. Nos han dicho que sentir vergüenza por ser obesa es normal porque es parte de "ser mujer". Es parte del proceso. Es una parte natural de ser una niña. Pero esto no es cierto, el fat-shaming no se trata solo de ser delgado o ser diferente del estándar de belleza, se trata de ser diferente del estándar de lo que es aceptable.

Es este sentido de alteridad, de aceptación del otro, lo que impide que las mujeres puedan enfadarse. Se nos enseña a no enfadarnos con otras mujeres porque son "como nosotras". También son gordos. Ellas también son mujeres. Ni siquiera vemos las formas en que pueden estar avergonzándonos porque no nos dicen que perdamos peso o que nos quedemos en una falda talla cuatro. Se nos enseña a aceptar esto como una parte normal de ser mujer, y se nos dice que "lo superemos" porque no se trata de ellas, se trata de nosotras.

Pero esto debe cambiar. Debemos comenzar a exigir más de la gente dentro de nuestra política sexual. Debemos exigir que nos vean hermosos, completos y perfectos porque lo somos. Que nos vean hermosas en nuestros cuerpos incluso en su ausencia de belleza en nuestra falta de las partes del cuerpo que una cultura nos enseña que una mujer necesita para ser aceptable.

. . .

Y debemos estar enojados cuando intentan avergonzarnos para que seamos más delgados o para que quepamos en una falda talla dos o para que seamos cualquier otra cosa que nosotras mismas.

Los mismos métodos que se usaron para controlar el cuerpo y el comportamiento de las mujeres a lo largo de la historia, y hoy, deben usarse para liberarnos de la vergüenza y el estigma que se usa contra las niñas gordas.

Podemos estar enojados. Podríamos amarnos a nosotros mismos por lo que somos, sin importar cómo se vean nuestros cuerpos. Podemos amar nuestros cuerpos sin avergonzar a otras mujeres por el tamaño, la forma o el color de su cuerpo. Y podemos amar a las personas en nuestras vidas que son gordas tanto como amamos a las flacas.

8

¿Cómo La Vergüenza Del Cuerpo Afecta A Los Hombres?

Las mujeres tienen un mayor riesgo de suicidio que las mujeres, y los hombres tienen de cuatro a cinco veces más riesgo que las mujeres. Y si eso no fuera suficiente, la brecha de género en el comportamiento suicida ha aumentado desde al menos 1999. Para determinar las razones detrás de esto, debemos comenzar por observar las diferencias de comportamiento entre los géneros. Un ejemplo de ello son las diferencias de género en la vergüenza corporal y los trastornos alimentarios como los atracones y la bulimia nerviosa (BED).

Tanto los hombres como las mujeres tienden a desarrollar trastornos alimentarios y problemas de imagen corporal al mismo tiempo en sus vidas.

También comparten sentimientos y comportamientos negativos similares: por ejemplo, ambos pueden sufrir depresión, ansiedad, culpa, vergüenza, imagen negativa de sí mismos, baja autoestima, comparación con los demás, aislamiento social, soledad y problemas sexuales.

Los hombres no son inmunes a la vergüenza corporal o al desarrollo de trastornos alimentarios. Los hombres experimentan privación de alimentos o un consumo excesivo, a veces impulsados por el deseo de cambiar su cuerpo por lo que perciben como perfección. Los hombres también sufren vergüenza por ser percibidos como homosexuales debido a la ropa ajustada o los tacones altos. Esta percepción proviene de cómo la sociedad estereotipa a los hombres.

Los estereotipos de los hombres y la masculinidad son rígidos, poco realistas y poco saludables. Se espera que los hombres sean fuertes, duros, estoicos, exitosos, autosuficientes y agresivos. Para ser hombre se necesitan músculos.

Una palabra que muchos usan para describir a un hombre es "grande", que significa alto y musculoso. Los hombres que no se ajustan a estos ideales sufren sentimientos de vergüenza o pena, mientras que otros pueden incluso recurrir a la violencia para ser vistos como masculinos. También hay un número limitado de emociones aceptables para los hombres: la ira, la frustración o la agresión se consideran más aceptables que la tristeza o la vulnerabilidad.

. . .

Si alguien es visto como diferente, a menudo se avergüenza.

No son sólo las mujeres las que son criticadas por su imagen corporal. Los hombres son juzgados, avergonzados y ridiculizados al igual que las mujeres. La diferencia es que los hombres con trastornos de la alimentación tienen más probabilidades de ser hiper musculosos que delgados.

Consumirán en exceso alimentos ricos en proteínas para aumentar el crecimiento muscular en lugar de restringir las calorías para perder peso. Y se enfrentan a un doble vínculo: si son delgados, son afeminados, homosexuales o débiles; si son musculosos, todo el vecindario se detiene para admirar su cuerpo.

Los hombres suelen enfrentar más presión para ser musculosos que las mujeres. El cuerpo masculino ideal suele ser más musculoso que el cuerpo femenino ideal y los hombres que no se ajustan a este ideal sufren más que las mujeres. Y tampoco están a salvo del juicio de otros hombres. Un estudio muestra que es más probable que los hombres estén de acuerdo con las afirmaciones de que un individuo es débil si es delgado en lugar de gordo. Esta falsa idea de la fuerza masculina puede tener un efecto profundo en la salud de los hombres.

. . .

Las expectativas para los hombres incluyen ser grandes y fuertes, pero no demasiado grandes ni demasiado fuertes.

Los hombres que se consideran grandes también pueden ser víctimas de este doble vínculo: si son demasiado grandes, se supone que deben haber usado esteroides. De cualquier manera, los hombres son examinados por su tamaño.

Uno de los tipos más comunes de vergüenza corporal proviene del uso de calumnias homosexuales. Términos como "coño", "ligero en los mocasines", "mariquita" o cualquier otro término despectivo relacionado con ser afeminado se usan para burlarse de otros hombres que se consideran diferentes de alguna manera.

Los hombres también se avergonzarán por tener penes pequeños, usar Viagra, baja estatura o usar productos depilatorios o afeitarse partes del cuerpo. Muchos hombres también se avergüenzan por su forma de vestir o su estilo. Se las hace sentir débiles o femeninas debido a su ropa. Sienten que nunca serán lo suficientemente sexys, fuertes o machos para que otras personas los acepten.

Si un hombre no encaja en el molde, muchas veces enfrentará el juicio o, a veces, la violencia de otros hombres.

. . .

Las mujeres a menudo aceptan más estas diferencias. A los hombres a menudo se les deja una opción: cambiar quiénes son o correr el riesgo de ser avergonzados.

Hay una creciente epidemia de hombres que se sienten avergonzados por no buscar ayuda para enfermedades mentales o condiciones médicas. Los hombres tienen miedo de pedir ayuda porque quieren evitar ser vistos como débiles o femeninos.

A los niños y a los hombres se les enseña a una edad temprana que es inaceptable mostrar debilidad. Su dolor a menudo se descarta como "niños siendo niños" o "eso es lo que sucede cuando te golpean". Un hombre dijo que se vio obligado a dejar de jugar al fútbol en la escuela secundaria porque se lesionó el hombro. Todavía tuvo que usar un aparato ortopédico y asistir a sesiones de fisioterapia durante meses, pero sus compañeros nunca empatizaron con él de la misma manera que lo hicieron con las mujeres que sufrían de enfermedades. Esta desigualdad es un problema que ha acosado a los hombres durante milenios.

Debido a que los hombres tienen más testosterona que las mujeres, existe la percepción de que deben actuar de manera más masculina o corren el riesgo de ser vistos como débiles o femeninos.

. . .

Esto da como resultado un comportamiento como el ejercicio excesivo que deja a algunos con tendones y ligamentos sobre utilizados, mientras que otros pueden desarrollar osteoporosis debido al sobreentrenamiento.

Recapitulemos algunas de las formas en que la vergüenza corporal puede afectar a los hombres:

- Los hombres suelen enfrentar más presión para ser musculosos que las mujeres. El cuerpo masculino ideal suele ser más musculoso que el cuerpo femenino ideal y los hombres que no se ajustan a este ideal sufren más que las mujeres. Cuando las personas sienten la presión de ser musculosos, a menudo recurren a los esteroides. El uso de esteroides ha aumentado en los últimos 60 años, duplicándose cada 10 años.
- Mientras que la depresión también puede resultar de problemas de imagen del cuerpo, a los hombres a menudo se les enseña que ser abiertamente vulnerables no es varonil. Si un hombre se siente deprimido o débil, a menudo sufren en silencio o se mantienen en secreto de los demás para que no sepan lo sensible que es o qué tan fuerte es su dolor.
- Hombres y mujeres experimentan el dolor de manera diferente. Las mujeres experimentan una mayor tolerancia al dolor en comparación con los hombres, pero las razones de esto no se entienden completamente. Puede ser porque las

mujeres tienen una mayor cantidad de estrógeno, una hormona que reduce el dolor en el cuerpo, pero los estudios muestran que la testosterona también juega un papel en la capacidad del cuerpo para experimentar y lidiar con el estrés. Los estudios muestran que los hombres con altos niveles de testosterona a menudo no buscan atención médica para los huesos rotos porque inconscientemente creen que solo los hará lucir más débiles.

- Los hombres son más propensos que las mujeres a sufrir en silencio, incluso frente a condiciones de salud graves. Un estudio mostró que la mitad de los hombres con angina severa no habían visto a un médico durante años. Otro estudio encontró que las mujeres tenían más probabilidades de ver a un médico si tenían dolor en el pecho que los hombres.
- Los hombres que sufren de calvicie de patrón masculino a menudo agonizan en silencio porque se considera socialmente inaceptable no tener cabello. La confianza es la parte más importante de la vida, especialmente para los hombres que se supone que son los proveedores de sus familias. Cuando un hombre sufre de pérdida de cabello, puede ser difícil tener confianza porque se siente avergonzado y poco atractivo.
- Es menos probable que los hombres hablen sobre su salud mental o busquen la ayuda que necesitan. Numerosos hombres sufren en silencio

porque se sienten avergonzados por no poder hacer frente a sus problemas por sí mismos, lo que empeora estos problemas. Cuando los hombres sienten que no pueden hacer frente a los problemas por sí mismos, les resulta difícil conectarse con los demás o vivir una vida feliz. Si alguien está experimentando dificultades, lo mejor que se puede hacer es buscar la ayuda de un experto para que pueda comenzar a vivir una vida feliz nuevamente.

- Los hombres son más propensos a quitarse la vida que las mujeres.
- Los hombres se sienten incómodos cuando ven a otro hombre llorando o mostrando emoción porque a los hombres se les enseña que es inapropiado mostrar sus sentimientos en público. Sin embargo, esto es simplemente una percepción desarrollada por la sociedad. Los hombres no son menos propensos a llorar que las mujeres, pero avergonzarlos por eso hace que no quieran llorar en público porque temen ser juzgados.
- Los hombres a menudo se ponen una máscara de hipermasculinidad y comportamiento agresivo porque tienen miedo de ser vistos como débiles o femeninos. Cuando un hombre se pone una máscara de hipermasculinidad, entonces sabe que será tratado de cierta manera.
- Los hombres experimentan mayores tasas de migrañas que las mujeres porque a menudo experimentan mucho más estrés, pero los

estudios muestran que la testosterona tiene un papel en las migrañas, ya que está relacionada con el aumento del flujo sanguíneo al área del cerebro donde se originan las migrañas.
- Los hombres son más propensos a experimentar depresión y ansiedad que las mujeres porque sus cerebros no producen tanta serotonina como el de las mujeres. Los hombres también tienden a sufrir en silencio por su sufrimiento y sus problemas porque sienten vergüenza por ser débiles o femeninos.

Es fácil ver por qué tantos hombres sufren sentimientos de vergüenza y pena. Al crecer, los medios de comunicación y sus compañeros se burlan y acosan constantemente a los niños por ser débiles, demasiado emocionales o femeninos.

También se les dice que necesitan sentir vergüenza por ser más débiles o menos varoniles que otros hombres, pero esto no es cierto en absoluto. Los hombres deberían poder ser vulnerables tanto como las mujeres y no deberían avergonzarse de ello.

Un estudio muestra que la intimidación tiene un mayor riesgo de causar depresión que el abuso físico.

. . .

Cuando las personas experimentan estrés, provoca un aumento en las hormonas adrenalina y cortisol, que aumentan el flujo sanguíneo a todas las partes del cuerpo, incluido el cerebro. Los estudios demuestran que tener un alto nivel de testosterona puede aumentar el riesgo de consumir drogas y alcohol porque aumenta los sentimientos de agresión y reduce los sentimientos de miedo.

Un estudio muestra que los hombres son más propensos a usar el alcohol como un mecanismo de supervivencia cuando atraviesan momentos estresantes, pero es importante tener en cuenta que el consumo excesivo de alcohol puede aumentar el riesgo de daño hepático. Los estudios muestran que la testosterona está relacionada con ejercer control sobre los demás, razón por la cual los hombres pueden volverse agresivos si sienten que están siendo atacados.

Con todo, la vergüenza corporal en los hombres puede dañar seriamente su salud mental. Los hombres son más propensos a experimentar depresión si se avergüenzan de su cuerpo, pero esto se debe a que sus cuerpos producen menos serotonina que las mujeres.

Los efectos negativos de la vergüenza corporal en las relaciones

. . .

Cuando un hombre no se siente completamente cómodo consigo mismo, puede tener efectos negativos en sus relaciones con los demás. Cuando un hombre se siente avergonzado de sí mismo, puede comenzar a manifestarse negativamente en sus relaciones.

Un hombre al que se avergüenza constantemente por ser débil a menudo se apartará de las relaciones con la gente porque no quiere que nadie vea qué tan vulnerable es. En lugar de permanecer en una relación y defenderse cuando siente que no importa o que no es lo suficientemente bueno, el hombre a menudo abandona la relación sin decir nada.

Se dará por vencido y dejará que los demás lo traten de una manera que no es saludable para él ni para las personas que lo rodean.

Un hombre al que se le dice constantemente que necesita ser fuerte o duro, a menudo rechazará a cualquiera que intente estar con él porque lo derribará. Esto también puede conducir a la violencia. Esto generalmente sucede porque los pensamientos negativos constantes de que le digan que sea fuerte o duro hacen que él aleje a aquellos que le piden que se abra y vea las cosas de una manera que nunca antes había considerado.

. . .

Un hombre que se avergüenza constantemente por ser emotivo a menudo rechazará a otros que están tratando de ayudarlo. Este tipo de hombre a menudo se describe como frío o insensible, pero en realidad solo tiene miedo de ser visto como vulnerable.

Un hombre que se avergüenza de ser menos masculino a menudo alejará a las mujeres porque siente que lo harán sentir aún más avergonzado de sí mismo. A menudo les dirá que dejen la relación porque tiene miedo de sentirse débil o inferior.

Un hombre que se avergüenza de ser femenino a menudo se encontrará con personas que son como él porque entienden lo que es sentirse avergonzado de sí mismo. Las personas pueden describir a este tipo de hombres como "que viven en su propio pequeño mundo" porque tienen miedo de abrirse a los demás.

Estos son solo algunos de los efectos negativos que pueden ocurrir cuando un hombre se avergüenza de sí mismo. Si un hombre no se siente cómodo consigo mismo, estará muy incómodo en sus relaciones. Los hombres a menudo evitan las relaciones por completo porque tienen miedo de sentirse débiles, y este es un problema que debe resolverse en conjunto. Los hombres no deberían sentirse avergonzados por ser quienes son, pero la sociedad a menudo les dice que lo hagan.

9

Los Hombres Y Su Salud Mental

Numerosos estudios han encontrado que los hombres son mucho menos propensos a buscar ayuda para los problemas de salud mental, por miedo al estigma o porque están convencidos de que su problema no amerita tratamiento. Esto no sólo es perjudicial para el bienestar del individuo, sino que también puede tener efectos perjudiciales en sus relaciones y perspectivas laborales.

Problemas de los hombres con la salud mental

Los estudios han demostrado que los hombres son menos propensos que las mujeres a creer que necesitan ayuda con problemas de salud mental. Como demostraron los estudios originales de sobre el tema en la década de 1930, muchos hombres eran reacios a admitir ante sí mismos, y mucho menos ante los demás, que tenían algún problema.

. . .

E incluso cuando buscaron ayuda profesional, los resultados fueron a menudo decepcionantes.

Investigaciones posteriores han demostrado que los hombres también son mucho más propensos que las mujeres a estigmatizar los problemas de salud mental ya las personas que los padecen. Por ejemplo, un estudio publicado en 2010 en Psychological Science encontró que cuando las personas describían a una persona ficticia que padecía una enfermedad mental de manera neutral (por ejemplo, "fulano de tal tiene problemas con el estrés"), tanto los hombres como las mujeres tendían a ver a esa persona de manera más negativa de lo que verían a alguien que tuviera una enfermedad física (por ejemplo, "Tal y tal tiene la gripe"). Sin embargo, cuando la enfermedad se describió de manera emocional (p. ej., "Fulano de tal está teniendo problemas con la depresión"), las mujeres eran más propensas a expresar lástima por el enfermo, mientras que los hombres eran más propensos a verlos como débiles. o autoindulgente.

Sin embargo, mientras que algunos hombres pueden no darse cuenta de que necesitan ayuda para un problema de salud mental, otros pueden reconocer que necesitan tratamiento pero evitan hacerlo por varias razones. Por ejemplo, un estudio de 2008 encontró que los hombres eran más propensos que las mujeres a querer resolver sus problemas por sí mismos. También eran significativamente menos propensos a pensar que la ayuda profesional les haría algún bien.

Esta renuencia a buscar tratamiento puede tener efectos profundos en la vida tanto de los hombres que sufren problemas de salud mental como de quienes los rodean.

Por supuesto, es importante que las personas que padecen cualquier tipo de enfermedad mental no solo se enfrenten a sus problemas, sino que también no se sientan agobiados por el estigma y la vergüenza al buscar ayuda. Sin embargo, es aún más importante que los hombres busquen ayuda, al igual que les resulta más difícil que a las mujeres.

La vergüenza corporal y la salud mental de los hombres

Los estudios han demostrado que las expectativas que las personas tienen de los hombres pueden hacer que los hombres sufran depresión, ansiedad y otros problemas de salud mental. Un estudio disponible en el American Journal of Psychiatry encontró que las actitudes de otras personas hacia los hombres (tanto otros hombres como mujeres) resultaron en numerosos casos de depresión. Otro estudio publicado en Psychological Review encontró que la vergüenza corporal era una de las razones por las que muchos hombres no buscaban ayuda para problemas de salud mental en absoluto o eran menos propensos a hablar de ellos que sus contrapartes femeninas.

. . .

Un estudio publicado en el encontró que los hombres con trastorno dismórfico corporal tenían más probabilidades de tener un trastorno alimentario que las mujeres con la misma afección. De manera similar, un estudio publicado en 2013 encontró que tanto hombres como mujeres son más propensos a pensar en sus cuerpos cuando se sienten deprimidos, aunque los hombres son menos propensos a discutir los problemas con los demás.

Esto es importante porque destaca la necesidad de ayuda profesional para los problemas de salud mental, pero también sugiere que debe haber un cambio en las actitudes para ayudar a los hombres a lidiar con sus problemas. Esto implicaría una variedad de factores, desde los medios de comunicación hasta las autoridades, que a menudo utilizan estereotipos negativos sobre la salud mental de los hombres para disuadirlos de buscar ayuda.

Para que los hombres busquen ayuda para sus problemas, deben poder reconocer lo que está sucediendo y sentirse seguros de poder hacerlo. Esto tendrá beneficios no solo para ellos sino también para quienes los rodean.

¿Cómo deben cuidarse los hombres su salud mental?

. . .

Es importante que los hombres se den cuenta de que necesitan cuidar su salud mental. Existen numerosos medios a través de los cuales pueden hacer esto. Por ejemplo, deben asegurarse de que están haciendo cosas para reducir el estrés. Esto puede implicar buscar ayuda profesional, si es necesario, pero también puede incluir cosas como hacer ejercicio, participar en pasatiempos o simplemente tratar de relajarse más a menudo. También es importante que se tomen un tiempo para ellos mismos y compartir sus problemas con los demás en lugar de tratar de resolverlos por su cuenta.

Los hombres también deben aprender todo lo que puedan sobre problemas de salud mental y saber que hay ayuda disponible. Esto no significa que siempre necesiten buscar psicoterapia o terapias de conversación, aunque esto puede ser beneficioso. A veces puede ser suficiente para ellos simplemente aprender más sobre problemas de salud mental. Sin embargo, es especialmente importante que busquen ayuda si sus problemas están provocando fallas en áreas de su vida, como el trabajo o los entornos sociales.

Finalmente, es importante que los hombres estén más dispuestos a hablar de sus problemas con los demás. La salud mental puede afectar a los hombres de formas diferentes a las de las mujeres, pero esto no significa que deban sufrir en silencio.

. . .

Al hablar sobre sus problemas, no solo reducen el estigma de que los hombres necesitan ayuda para problemas de salud mental, sino que también alientan a otros a buscar ayuda cuando la necesitan.

Superando los Estigmas de Género en Salud Mental

Existe un gran estigma social en la sociedad actual sobre la salud mental y se basa en gran medida en los roles de género. Si un hombre muestra algún signo de vulnerabilidad, a menudo se le considera menos que un individuo machista. Esto puede ser muy difícil de superar para los hombres con problemas de salud mental. A menudo les lleva más tiempo obtener la ayuda que necesitan y, a menudo, se sienten presionados a mantenerse firmes por sí mismos sin decirle a nadie que están luchando. Si un hombre muestra signos de vulnerabilidad, a menudo se considera un signo de debilidad.

Creo que los hombres deben sentirse cómodos al acercarse a los demás. Deben sentirse libres de hablar sobre sus sentimientos y pedir ayuda. Al oponerse a los estereotipos de roles de género, los hombres pueden mejorar la forma en que se sienten acerca de sí mismos y alentar a las personas que los rodean a hacer lo mismo.

. . .

A los hombres a menudo se les enseña que no está bien que muestren emociones. Pero los hombres deben dejar de avergonzarse unos a otros por hacerlo. Cuando un hombre siente que no puede hacer frente a sus propias emociones, debe pedir ayuda y no sentirse avergonzado por ello.

Después de todo, todos deben cuidarse a sí mismos cuando tienen dificultades.

Los hombres deberían sentirse más cómodos hablando de sus sentimientos y pidiendo ayuda. Deben sentirse cómodos yendo a un terapeuta y trabajando para encontrar nuevas formas de lidiar con sus emociones, y no deben avergonzarse por hacerlo.

Los hombres también pueden aprender más sobre sí mismos al comprender lo que significa ser un hombre. Deben considerar si hay algo en lo que necesitan trabajar o si necesitan ayuda de otros. Los hombres no siempre tienen que ser la figura fuerte de la familia.

Todos somos seres humanos y cada persona es capaz de sentir emociones. Los hombres deben ser alentados y aceptados por lo que sienten y no deben avergonzarse por sentir emociones fuertes.

. . .

La importancia de que los hombres busquen ayuda

Es importante que todos estemos dispuestos a pedir ayuda cuando la necesitemos. A nadie le gusta la idea de necesitar ayuda, pero a menudo es necesario que alguien nos apoye durante los momentos difíciles, especialmente cuando tenemos problemas de salud mental.

Como se discutió anteriormente, los estereotipos de género juegan un papel importante en la forma en que los hombres ven la salud mental, pero estos estereotipos se basan en gran medida en ideas que no son ciertas. Los hombres pueden superar los estigmas de género, pero deben dejar de criticarse unos a otros por necesitar ayuda. Cuando un hombre siente que necesita apoyo, debe entender que no hay vergüenza en buscarlo.

Los hombres deben reconocer que es normal sentir emociones difíciles y que no siempre es masculino pretender sentirse más fuerte que los demás. Pueden volverse más fuertes al reconocer que no merecen sentir vergüenza por sus emociones.

No deberían sentirse avergonzados por buscar ayuda porque pueden ser más fuertes cuando tienen a alguien en quien apoyarse.

10

Los Efectos De La Vergüenza Corporal

Cuando una persona se avergüenza constantemente de su cuerpo, su autoestima puede caer en picada. Los efectos pueden variar de persona a persona, pero en general tendrá un impacto en su salud mental y calidad de vida en general.

Algunas personas pueden desarrollar trastornos alimentarios o deprimirse, mientras que otras simplemente se sienten desesperanzadas de ser amadas por otra persona. Hay muchas razones por las que la vergüenza corporal puede tener efectos tan devastadores en la psique de un individuo, pero la raíz de todo esto es la creencia de las personas de que no deben ser amadas por su apariencia.

Estos son los efectos de la vergüenza corporal con los que muchas personas pueden relacionarse:

. . .

Autoestima severamente dañada

Una persona con baja autoestima puede comenzar a creer que no es lo suficientemente buena, que no es digna de ser amada, que no merece las mismas cosas que otras personas y que su valor se basa en su apariencia. La incapacidad de tener confianza en ti mismo debido a tu apariencia puede ser increíblemente dañina porque significa que estás criticando tus propias opiniones. Te estás saboteando a ti mismo. Estás arruinando tu propia vida al no poder amarte a ti mismo por lo que eres.

Un sentimiento de desesperanza

Algunas personas pueden tener dificultades para aceptar que su cuerpo está bien o que alguna vez se sentirán felices consigo mismas. Cuando se les dice constantemente que tienen un problema debido a su apariencia, puede ser difícil ver más allá. Pueden comenzar a verse a sí mismos como bienes dañados, en lugar de la persona que realmente son.

Pueden sentir que no hay esperanza. Esto se debe a que las personas generalmente son muy buenas para ver las cosas en blanco y negro.

Relaciones no saludables

Cuando sientes que no mereces amor por tu apariencia, es posible que termines solo porque piensas que no vales el esfuerzo que se necesita para estar en una relación. Cuando estás solo, es más probable que estés deprimido y tengas problemas con las autolesiones. Cuando estás solo, también es más probable que comiences hábitos peligrosos como el abuso de la cocaína o el tabaquismo. Las personas que siempre se sienten mal por su apariencia pueden incluso considerar el suicidio.

Ansiedad social

Cuando sientes que no mereces amor por tu apariencia, puedes comenzar a evitar situaciones sociales en las que las personas miren tu cuerpo o juzguen tu apariencia de alguna otra manera. Es posible que no quieras salir en público porque es entonces cuando la gente realmente "verá" cómo es una persona. Cuando te retiras de las situaciones sociales, te estás retirando de la vida en general. Te estás aislando del mundo, en lugar de tratar de expandir tu zona de confort.

Trastornos de la alimentación

Cuando las personas se avergüenzan constantemente de su peso, pueden desarrollar un trastorno alimentario para lograr lo que sienten que es el cuerpo "perfecto".

. . .

Esto puede ser increíblemente peligroso porque ignora por completo el hecho de que no existe el cuerpo perfecto.

Todos tienen su propia belleza única y todos merecen ser amados por lo que son por dentro y por fuera. Nadie debería tener que conquistar su cuerpo para ser feliz consigo mismo o sentirse digno del apoyo o el amor de los demás.

Autolesiones

Las personas que se han sentido muy avergonzadas por su cuerpo pueden comenzar a autolesionarse para aliviar el dolor que sienten al ser juzgadas con tanta dureza. Incluso podrían tratar de lastimarse a sí mismos de una manera que sea perceptible, como cortarse o quemarse con cigarrillos u otros objetos calientes. En casos extremos, podrían intentar suicidarse.

Depresión

Una persona que siente falta de autoestima y le han dicho que su cuerpo no es hermoso probablemente se sienta deprimida la mayor parte del tiempo. Como se mencionó anteriormente, pueden incluso intentar suicidarse para escapar del dolor que sienten.

· · ·

Esto se debe a que cuando constantemente te sientes mal contigo mismo, puede ser difícil disfrutar las cosas o sentirte normal contigo mismo. Es posible que no puedas experimentar sentimientos felices que todos los demás pueden experimentar.

Problemas de imagen corporal

Cuando alguien siente que su cuerpo tiene defectos o que no es lo suficientemente hermoso, es más probable que tenga problemas con su imagen corporal. Comenzarán a compararse con los demás, lo que solo los llevará por un camino de autodesprecio y destrucción emocional. Estos asuntos pueden crear muchos problemas a largo plazo para la salud mental de alguien.

Sentirse victimizado

Cuando alguien se ha avergonzado de su cuerpo, puede comenzar a sentirse como una víctima en la vida. Es posible que sientan que no pueden cambiar su situación. Pueden sentir que nadie los ayudará. Algunas personas incluso comenzarán a creer que es su culpa haber sido víctimas en primer lugar, lo cual nunca es cierto porque las personas nunca deben avergonzarse por su apariencia.

. . .

Baja autoestima

Cuando sientas que tu cuerpo no es lo suficientemente bueno y nadie lo acepta, probablemente también comenzarás a tener una mala opinión de ti mismo. Puedes creer que es imposible que cambies tu situación y que seguirás siendo la misma persona, sintiéndote siempre feo y repugnante. Cuando las personas comienzan a creer en pensamientos negativos como estos, pueden quedar atrapadas en ellos durante mucho tiempo.

Creer que nadie los amará tal como son

Si alguien cree que su apariencia es defectuosa, es posible que tengas dificultades para encontrar a alguien que los ame tal como son. Si siempre tienen pensamientos negativos sobre sí mismos, alguien más solo notará los negativos también.

¿Cómo superar la vergüenza corporal?

La vergüenza corporal es cuando alguien te ataca verbal o físicamente en función de tu apariencia física, peso, orientación sexual o cualquier otra cosa otra cosa que no se ajuste a su idea de lo que la sociedad considera "perfecto".

. . .

A menudo va acompañado de insultos o suposiciones sobre tu personaje.

Si estás luchando contra la vergüenza corporal, aquí tienes algunos consejos útiles para superarlo;

1. No lo ignores.

Si te encuentras avergonzado, ya sea por tus amigos o por alguien que no te conoce, no lo ignores. Hazle saber a la persona que sus comentarios son hirientes y que no tolerarás la vergüenza corporal.

2. Sé fuerte con tus amigos sobre este tema.

Tus amigos nunca deberían poder avergonzarte sin consecuencias. Los amigos deben estar allí el uno para el otro y apoyarse mutuamente. Si encuentras que el cuerpo de tu amigo te avergüenza, diles que deben detenerse. Diles que no están ayudando y que tú no lo permitirás. Establece límites claros para aquellos que quieren burlarse de ti acerca de estos temas y asegúrate de que esos límites se cumplan.

3. No comas frente a personas que conoces.

Muchas personas que sufren de vergüenza corporal tomarán decisiones alimentarias poco saludables frente a amigos y familiares para encajar y ser aceptados por ellos.

. . .

Esto crea una situación social en la que no querrás comer frente a tus amigos, ya que crees que te harán sentir mal por hacerlo. Para evitar esta situación, puedes optar por evitar comer frente a personas que conoces.

4. No tengas miedo de hablar con tus padres u otros adultos sobre este tema.

Si estás luchando contra la vergüenza corporal, lo último que quieres hacer es posponer hablar de eso con otra persona porque tienes miedo de lo que puedan pensar. En todo caso, se preocuparán más por ti y se sentirán mal por hacerte sentir de esta manera. Es probable que lo último que quiera sea que sigas sintiéndote mal contigo mismo debido a sus acciones.

5. Sé fuerte en tus creencias y debes saber que nadie puede controlar lo que piensas o haces.

La mayoría de las personas que padecen este problema viven con la idea de que no son lo suficientemente buenas solo por la forma en que se ven o se sienten por dentro. Sin embargo, nadie sabe lo que realmente hay dentro de ti a menos que se lo digas. Serán incapaces de entender verdaderamente a menos que hables con ellos sobre lo que sientes. Debes estar dispuesto a mostrarle a la gente quién eres realmente y qué hay dentro de ti.

6. Recuerda que no es tu problema resolver

Si alguien se burla de ti por tu peso o cualquier otra parte de tu apariencia, no es tu problema resolverlo. Ellos son los que tienen el problema y nunca debes sentirte mal por sus acciones. Ellos son los que no saben cómo sentirse acerca de sí mismos y en lugar de intentar mejorarse a sí mismos, intentarán derribar a los demás. Es por eso que debes dejar de preocuparte por las opiniones de los demás sobre tu cuerpo.

7. Saber que eres perfecto.

Deja de creer que no eres lo suficientemente bueno, porque lo eres. Deja de pensar que las personas que te avergüenzan tienen razón, porque no es así. No puedes controlar lo que otros piensan o hacen, pero puedes controlar tus propios pensamientos y acciones.

8. Piensa en los momentos más felices de tu vida.

Piensa en esos momentos en los que no estabas experimentando este problema y trata de volver a sentirte como antes. Piensa en el momento antes de que te dieras cuenta de tu cuerpo y de lo mal que te hacía sentir. Compensa los momentos dolorosos con estos recuerdos felices para que tu mente se distraiga de la actitud negativa que empeora la situación.

9. Da un paso atrás de las redes sociales y otras cosas que alimentan tus inseguridades.

Las redes sociales han creado un mundo donde la vergüenza corporal está mucho más extendida.

La gente dirá cosas sobre tu apariencia que te harán sentir que no eres lo suficientemente buena, a menudo sin saber nada de ti o de tu situación. Lo único que puedes hacer es seguir adelante y concentrarte en otros lugares donde tu mente no necesita estar en tus problemas.

10. Recuerda que hay personas que te quieren por lo que eres.

Recuerda que hay personas en tu vida que te aman por lo que eres. En los malos tiempos, el odio puede apoderarse de ti y obligarte a creer que a otras personas realmente no les importa tu vida. Recuerde que este no es el caso y trate de ver qué hay realmente allí.

11. La aceptación es la clave para la recuperación.

La aceptación puede ser clave para la recuperación si se le da tiempo y suficiente apoyo. La recuperación nunca es fácil en ninguna situación, pero si puedes rodearte de personas que se preocupan, esto te ayudará mucho. La aceptación no ocurrirá en un día o en una hora, pero puede llegar con suficiente tiempo y apoyo. Una vez que empieces a darte cuenta de que la aceptación es algo que puedes obtener, no querrás volver a ser como eras antes. Tu vida comenzará a cambiar mucho para mejor, solo necesitas darle tiempo y buscar a las buenas personas en tu vida.

12. Ten confianza en quién eres.

. . .

Cuando trabajas para mejorar tu confianza, tu mente ya no luchará contra los pensamientos negativos que buscan descarrilarte y arrastrarte hacia abajo. La confianza en ti mismo es lo único que te permite controlar lo que otras personas piensan de ti y tener confianza en quién eres.

13. Consigue un buen terapeuta o prueba la terapia de grupo para hablar sobre los problemas que te hacen sentir mal contigo mismo.

Tratar de darte un capricho puede ser difícil para las personas que sufren de problemas de vergüenza corporal. Afortunadamente, hay muchas personas que pueden ayudarte a superar estos problemas y te ayudarán y guiarán por el camino correcto hacia la recuperación.

14. Pide ayuda si la necesitas.

El momento en que no quieres hablar con nadie sobre los temas que te hacen sentir que no eres lo suficientemente bueno, es el momento de pedir ayuda. Si puedes hablar con personas que se preocupan por ti, comprenderán lo que está sucediendo y podrán estar allí para ayudarte. No te juzgarán por cómo te sientes, sino que te mostrarán lo que puedes hacer para sentirte mejor contigo mismo.

15. Recuerda que tu vida no ha terminado y que hay mucho más por hacer.

Cuando llegas a un punto bajo en la vida, es fácil pensar que tu vida ha terminado.

Sin embargo, tu tiempo en la Tierra es precioso, y si termina antes de llegar a la vejez, no podremos recuperar el tiempo perdido. La vergüenza corporal y los problemas que conlleva pueden ser un trampolín que conduzca a otra cosa.

Si puedes aprender desde donde te encuentras ahora, comprenderás por qué inició el proceso desde el primer momento y podrás seguir adelante sin que estos problemas afecten en quién te convertirás más adelante.

16. Mantén tus ojos abiertos para oportunidades de ir para adelante.

Hay oportunidades en todas partes para avanzar. En lugar de dejar que el pasado te detenga, debes abrir los ojos y comenzar a trabajar para alcanzar esas oportunidades.

Las oportunidades te sorprenderán porque nunca sabrás dónde pueden aparecer. Cuando lo hagan, prepárate para subir a bordo lo más rápido que puedas, ya que el momento no está garantizado.

17. Sé feliz por aquellos que no tienen estos problemas.

Nunca desees que tus amigos tengan estos problemas. Sé feliz por cada uno de ellos y muéstrales el apoyo que necesitan en otras áreas de sus vidas.

. . .

18. Piensa cuánto mejor sería tu vida si no tuvieras estos problemas.

Este mundo está lleno de alegría y felicidad y debes comenzar a mirar todas las cosas buenas que la vida tiene para ofrecer, en lugar de concentrarte en tus luchas.

19. No llames la atención sobre el problema, pero entiende que está ahí.

Recuerda que no siempre se debe señalar el hecho de que el problema te está molestando, pero trata de entender por qué te está molestando tanto. Las cosas no cambiarán si no comprendes lo que está sucediendo, y dejar que el problema no se controle hará que empeore con el tiempo.

20. Recuerda que hay muchas personas que se sienten de la misma manera que lo haces tú.

En un mundo donde la vergüenza corporal está sucediendo más ahora que nunca, recuerda que hay personas que sienten lo mismo que tú. Encuentra a esas personas y considera hablar sobre sus experiencias. Descubrirás que muchos de nosotros compartimos los mismos sentimientos y experiencias y podemos comenzar a mirar hacia un futuro mejor juntos.

11

La Vergüenza Corporal Y El Desarrollo De Trastornos Alimentarios

Los trastornos de la alimentación se caracterizan por una restricción extrema o atracones de comida. Pueden afectar tanto a mujeres como a hombres. Para comprender mejor estos trastornos y cómo afectan a las personas, debemos observar cómo se ve nuestro cuerpo en la sociedad actual.

¿Qué es un trastorno de la alimentación?

El trastorno alimentario es un término que se utiliza para etiquetar una amplia gama de conductas y actitudes alimentarias anormales. Común a todos los trastornos alimentarios es una actitud poco saludable en torno al peso, la comida y la imagen corporal. El término "trastorno alimentario" se refiere tanto al estado de ánimo como a las consecuencias físicas que pueden derivarse de tales pensamientos y sentimientos.

. . .

Alguien con un trastorno alimentario a menudo está obsesionado con el tamaño de su cuerpo. Pueden comer en secreto, con comportamientos compulsivos como el autocontrol o el vómito autoinducido. También pueden estar preocupados con pensamientos de morirse de hambre, hacer ejercicio en exceso o purgarse después de cada comida.

Trastornos comunes de la alimentación

Los trastornos alimentarios se dividen en tres categorías:

Anorexia nerviosa

Con anorexia nerviosa, una persona no puede dejar de pensar en la comida, a veces durante horas. Pueden comer solo pequeñas cantidades de alimentos y vomitar después de las comidas para reducir el peso. Los anoréxicos se ven gordos o con sobrepeso y quieren perder peso. También pueden tener una imagen corporal distorsionada y creencias de hambre.

Bulimia nerviosa

. . .

La bulimia es un trastorno alimentario que tiene similitudes tanto con la anorexia nerviosa como con el trastorno por atracón compulsivo. Las personas con bulimia se ven obligadas a darse atracones de comida. Se sienten culpables o avergonzados después de comer demasiado, por lo que comen muy rápido y luego tratan de compensar el exceso de comida vomitando, ayunando, haciendo ejercicio en exceso o tomando laxantes. Muchas personas con bulimia también usan diuréticos (para evitar la retención de agua) u otras pastillas para adelgazar, además de vomitar para reducir el peso.

Trastorno por atracón

Las personas con trastorno por atracón comen grandes cantidades de comida a la vez, pero no se purgan. Los comedores compulsivos pueden usar métodos como el vómito autoinducido o hacer ejercicio en exceso para compensar el exceso de comida. Muchos comedores compulsivos también experimentan estrés, lo que conduce a más atracones.

Desarrollo de los trastornos alimentarios

Los trastornos alimentarios a menudo comienzan a una edad temprana.

. . .

Los problemas de alimentación suelen ser cíclicos, con una última fase durante varios años y otra que dura de varios meses a varios años en el medio.

En general, los trastornos alimentarios tienen que ver con sentimientos de autodesprecio y odio hacia uno mismo, sentimientos que pueden estar asociados con baja autoestima o depresión. Los individuos que no buscan tratamiento para su problema de alimentación a menudo se sienten culpables o avergonzados por su comportamiento porque creen que es anormal o que de alguna manera está mal.

Los trastornos alimentarios son condiciones de salud que se pueden tratar. Como cualquier condición de salud, lo primero que se debe considerar es si la persona está dispuesta a trabajar en el tratamiento con su médico o terapeuta. Si lo son, entonces el tipo de tratamiento que funciona mejor a veces está determinado por las metas y necesidades de la persona.

Las personas con anorexia a menudo necesitan tratamientos como la terapia cognitivo-conductual (TCC), que les ayuda a cambiar sus pensamientos y comportamientos hacia hábitos alimenticios saludables. Para las personas con bulimia, los grupos de autoayuda como NEDA (Asociación Nacional de Trastornos de la Alimentación) son un buen lugar para comenzar.

. . .

Tratamiento

El tratamiento de los trastornos alimentarios puede iniciarse en casa o en sesiones de terapia individual o grupal. La terapia individual ayudará a la persona a comprender sus pensamientos y comportamientos que hacen que se sienta mejor o peor consigo misma.

La autoestima y la autoimagen de una persona pueden requerir tratamiento. Además, alguien que es adicto a la comida puede tener problemas para controlar su adicción y también debe obtener ayuda de un terapeuta que trabajará con ellos sobre la naturaleza abusiva de sus acciones.

La terapia puede ayudar a las personas con trastornos alimentarios a comprender qué factores les afectan emocional y psicológicamente. La terapia ha ayudado a muchas personas a detener sus ciclos de pensamientos negativos y sentirse mejor consigo mismos sin sentir la necesidad de obsesionarse con la comida o el ejercicio.

Algunos programas de recuperación incluyen centros de tratamiento residencial que ayudan a las personas a superar los comportamientos compulsivos. Estos establecimientos suelen emplear personal de enfermería a tiempo completo con formación médica en nutrición y dietética.

. . .

También suelen ofrecer sesiones de terapia individual con médicos que se especializan en el tratamiento de trastornos alimentarios.

Algunas de estas instalaciones ofrecen un estilo de vida familiar que promueve un sentido de comunidad y apoyo.

La recuperación de cualquier proceso como este requiere tiempo y paciencia, pero el resultado final vale la pena para la mayoría de las personas, ya que adquieren una sensación de confianza en sí mismos y respeto por sí mismos renovados.

La conexión entre la vergüenza corporal y los trastornos de la alimentación

Tener una actitud corporal saludable es muy importante si quieres vivir una vida saludable. Durante muchos años ha habido una lucha entre las personas positivas para el cuerpo y las personas que avergüenzan al cuerpo. Las personas positivas para el cuerpo se enfocan en aceptar su cuerpo tal como es y quieren animar a otros a hacer lo mismo. Hay personas que sienten que necesitas estar más delgado, o simplemente deshacerte de todo lo que hace que tu cuerpo sea diferente a la forma "ideal".

. . .

Estas personas tienden a avergonzar a cualquiera que no sea delgado como un palo, que no tenga senos ridículamente grandes o que no tenga el cabello perfecto. Muchos sienten que si alguien no se parece a este "estándar", deberían ser ridiculizados por eso.

La batalla entre los a favor de los cuerpos (body-positives) y los que avergüenzan a los cuerpos (body-shamers) ha estado ocurriendo durante años y no parece estar mejorando.

Muchas personas quedan atrapadas en sus puntos de vista y se obsesionan con lo que otras personas piensan de su cuerpo. Sienten que si no se ven como la persona "perfecta", serán menospreciados o, peor aún, ridiculizados.

Los trastornos alimentarios son simplemente el resultado de la relación que tienes con la forma en que ves tu cuerpo.

Muchas personas sienten que si alguien no se ve perfecto, no es digno de ser amado. Si no tienes el cuerpo "ideal", algo anda mal contigo. Esto puede causar estrés a quienes sufren de trastornos alimentarios porque no sienten que les pase nada malo, pero el mundo les dice lo contrario. Si tan solo fueran lo suficientemente delgadas, si tan solo tuvieran esos pechos perfectos, o si tan solo tuvieran esto y aquello y todo sería mejor.

. . .

Esto hace que las personas se esfuercen más y más para tratar de cambiar su cuerpo para que puedan encajar.

La vergüenza corporal ha llevado a muchas personas a sentirse deprimidas o molestas por su apariencia. Muchos sienten que hay algo que anda mal con ellos, y esto les causa mucha ansiedad y estrés. En el fondo sienten que no son "suficientemente buenos" para lo que la sociedad considera "perfectos". Por lo tanto, para encajar en esta imagen "ideal", muchas personas recurrirán a los trastornos alimentarios para tratar de cambiarse a sí mismas. Esta es la causa de los trastornos alimentarios como la anorexia o la bulimia.

Estos trastornos provocan mucho dolor y estrés físico y emocional porque la persona siente que está haciendo lo que tiene que hacer para mejorar.

Hay muchos casos en los que las personas que se sienten gordas piensan que un trastorno alimentario es una forma saludable de perder peso. Inventarán excusas de por qué comen ciertas cosas o por qué no comen nada. Se sienten presionados a cambiar su cuerpo para que puedan ser aceptados por los demás.

A menudo, realmente no sabemos lo que debemos sentir acerca de nuestros cuerpos.

. . .

Podemos sentirnos gordos y pensar que es algo saludable, cuando en realidad es extremadamente poco saludable.

Esto solo nos hace querer esforzarnos más y más para tratar de cambiar algo que no podemos controlar. Si sientes que estás gordo, entonces puede haber algo mal con la forma en que ves tu cuerpo. Puede que no seas tan delgado como la gente de los medios de comunicación, pero esto no significa necesariamente que haya algún problema con tu cuerpo.

Si estás deprimido o molesto por tu cuerpo debido a la forma en que lo ves, entonces la vergüenza corporal no es el camino a seguir. Si te insultan por tu peso, tu altura o cualquier otra parte de tu cuerpo, entonces esto no está bien.

Estas palabras negativas pueden herir mucho a una persona que sufre desórdenes alimenticios y pueden causar estrés en cualquier otra parte de su vida.

Es importante que todos encuentren una forma saludable de lidiar con su imagen corporal. Si crees que hay algo mal con la forma en que ves tu cuerpo, es importante intentar cambiar esos puntos de vista. Puedes encontrar una manera que te ayude a mirarte en el espejo y verte tal como eres.

. . .

Lo importante es entender que cada uno es diferente. Todo el mundo tiene diferentes necesidades, deseos y puntos de vista sobre la vida. No es necesariamente erróneo o malo querer un cuerpo saludable y perder peso, pero tampoco es erróneo o malo simplemente estar feliz con cómo te ves y quién eres. Tu cuerpo es tuyo y no debes avergonzarte de él.

12

¿Cómo La Vergüenza Del Cuerpo Afecta A La Sociedad?

La vergüenza corporal nos afecta a todos, sin importar nuestro tipo de cuerpo. Como era de esperar, las personas más afectadas por esta forma de discriminación son los niños pequeños y los adolescentes. Los efectos en estos grupos pueden ser duraderos y psicológicamente perjudiciales, lo que a veces provoca trastornos alimentarios. Para los adultos, la vergüenza puede conducir a un aumento del consumo de tabaco o alcohol como mecanismos para hacer frente a los sentimientos de inadecuación o inutilidad.

Compartimos esta información contigo para que comprendas la gravedad del problema y cómo puede afectar tu salud mental y física si no se maneja adecuadamente.

La discriminación de niños pequeños y adolescentes es un problema muy grave que puede tener efectos negativos en la vida de las personas afectadas incluso en la edad adulta. Para ayudarlo a comprender cómo esta forma de discriminación tiene un efecto dominó en la sociedad, describiremos los efectos que tiene en la víctima joven y sus amigos y familiares.

En nuestra cultura, la vergüenza a menudo se relaciona con la apariencia de las personas. Por ejemplo, si alguien es gordo, la gente se burlará de él haciendo bromas o llamándolo con nombres como "niña grande", "gordo", "maní" o cualquier otra palabra que los adultos usen para describir a una persona en función de su tamaño. Esto inculca un sentimiento de vergüenza en el niño y también lo hace sentir diferente y solo. Esto se suma a la idea de que son intrínsecamente defectuosos e indignos de afecto o amistad, lo que puede conducir a la depresión. Los estudios muestran que los niños que experimentan vergüenza corporal tienen más probabilidades de deprimirse más adelante en la vida que aquellos que no la experimentan.

Sin embargo, no son sólo los niños los que sufren este tipo de discriminación. Los adolescentes también experimentan intimidación rutinariamente debido a su peso o apariencia.

Esto puede ser tanto abuso físico como emocional, como acoso verbal, insultos, exclusión de actividades, acoso cibernético (ser ridiculizado en línea) y acoso sexual (ser tocado de manera inapropiada).

Estas son las formas en que la vergüenza corporal afecta nuestra sociedad:

La sociedad muestra una falsa idea de lo que se considera atractivo

Con el body shaming, el cuerpo ideal suele presentarse como delgado, alto y musculoso. En realidad, la mayoría de las personas no nacen con rasgos perfectos o una forma corporal perfecta. Esta falsa representación de cómo debe verse una persona afecta la forma en que nos sentimos acerca de nosotros mismos y cómo vemos a los demás.

También nos da una idea distorsionada de lo que se considera atractivo y nos hace compararnos con estos estándares poco realistas en lugar de con nuestras propias características individuales.

La vergüenza corporal es innegablemente discriminatoria

La vergüenza corporal es esencialmente discriminación contra la apariencia física de alguien; en la mayoría de los casos, se basa únicamente en el tamaño. Cuando avergonzamos a otros por su peso, altura o forma, nos estamos haciendo lo mismo a nosotros mismos. Como humanos, tendemos a juzgar a los individuos por sus exteriores pero en realidad, esto no es un fiel reflejo de quiénes son por dentro.

La vergüenza corporal aumenta la posibilidad de depresión y autolesionarse

La mayoría de las personas han sido acosadas en algún momento de sus vidas por su apariencia, y estas experiencias rara vez nos dejan sintiéndonos positivos acerca de nuestros cuerpos o siendo capaces de enorgullecernos de ellos. Si te han avergonzado de tu cuerpo cuando eras niño, es probable que te hayas obsesionado con la comida como una forma de sobrellevar la situación y como un medio para tratar de cambiar la forma de tu cuerpo. Los trastornos alimentarios pueden desencadenarse por pesar demasiado, hacer demasiado ejercicio y compararse con otras personas.

La vergüenza corporal puede conducir a la depresión y a las autolesiones

Para aquellos que han sido acosados por su peso o apariencia durante mucho tiempo, la humillación puede hacer que se sientan muy molestos y solos. Uno de los resultados más obvios de esta forma de discriminación es la depresión: el estrés causado por las burlas sobre la apariencia de uno a menudo conduce a la autolesión, como cortarse o quemarse partes de nuestro cuerpo. Incluso si la persona no se autolesiona, ser intimidado por su apariencia puede causar ansiedad, ataques de pánico e incluso pensamientos suicidas.

Aumento del consumo de tabaco y alcohol

La vergüenza corporal provoca vergüenza y sentimientos de inadecuación, lo que a su vez lleva al alcohol o al tabaquismo como mecanismos de afrontamiento de las emociones negativas que se desencadenan. Cuanta más presión se nos ponga para lucir de cierta manera, más probable es que esto nos lleve a odiarnos a nosotros mismos.

Cuando nos dicen constantemente lo feos que son nuestros cuerpos, podemos obsesionarnos con el ejercicio o la dieta.

Esta obsesión puede convertirse en un trastorno alimentario, lo que tendrá un efecto perjudicial tanto en nuestra salud mental como física.

La vergüenza corporal no solo afecta a la víctima

La vergüenza corporal no solo daña a la persona a la que se avergüenza, sino que también causa mucho daño a otras personas. Cuando clavamos un cuchillo en una herida, no nos damos cuenta de que también afectará el área alrededor de la herida. La vergüenza corporal puede tener un efecto dañino en nuestra sociedad y en todas nuestras comunidades, no solo en los involucrados en el acto.

La vergüenza corporal es intimidación en esencia y todos tienen derecho a vivir su vida sin sentirse avergonzados de su apariencia, ¡esto incluye a los niños!

Hay muchos conceptos erróneos en torno a la vergüenza corporal y uno de ellos es que afecta solo a la persona avergonzada. La vergüenza corporal no se trata solo de la apariencia; afecta a toda la persona, a la víctima y a quienes la presencian. Si alguien ve que se ridiculiza a su amigo por su peso o tamaño, también puede molestarse por esto y comenzar a tratar de vivir de acuerdo con estos estándares poco realistas que defiende nuestra sociedad. En algunos casos, los amigos también pueden comenzar a evitar a la víctima porque ya no encaja con lo que la sociedad ha tratado de hacerles creer que es normal.

Body Shaming (la vergüenza corporal) daña a niños y adolescentes

El body shaming (la vergüenza corporal) es frecuente en todos los estratos sociales y afecta tanto a niños y adolescentes como a adultos, por lo que puede ser perjudicial para su salud física. Los niños corren un riesgo especial porque todavía están formando sus mentes, se identificarán fácilmente con la persona que está siendo avergonzada o acosada, y puede ser demasiado joven para entender de qué se trata.

Es probable que se presionen para hacer las mismas cosas que hacen que las personas sientan vergüenza corporal en primer lugar, lo que podría resultar en trastornos alimentarios o autolesiones.

La vergüenza corporal nos afecta a largo plazo

La vergüenza corporal a una edad temprana puede causar vergüenza y baja autoestima, pero esto no es algo que superemos a medida que maduramos. Estos problemas pueden quedar enterrados y resurgir mucho más tarde en la vida a medida que continuamos enfrentándonos a situaciones difíciles. Sentir vergüenza corporal de niño puede permanecer con nosotros mucho después de que hayamos crecido, lo que puede conducir a una baja autoestima, trastornos alimentarios o incluso depresión. Si no logramos superar estos problemas más adelante en la vida, es posible que no seamos capaces de hacer frente a la vida cotidiana y recurramos a mecanismos de afrontamiento poco saludables para enfrentarlos.

La vergüenza corporal daña a nuestras comunidades

. . .

Cuando avergonzamos a otros, estamos contribuyendo a la reputación negativa de nuestras comunidades y de la sociedad en general.

Ya no es suficiente para nosotros simplemente aceptar la forma en que nos vemos, ahora tenemos que emular a las personas extremadamente delgadas que actualmente se exhiben en nuestras revistas o programas de televisión. No solo estamos ejerciendo una presión adicional sobre nuestra salud mental, sino también sobre el medio ambiente.

Cuanto menos realistas sean los estándares que nos fijemos, más presión nos pondrán para hacer lo mismo o para parecernos a la gente de las revistas.

La vergüenza corporal afecta nuestra salud mental

Cuando nos enfrentamos constantemente con mensajes negativos sobre nuestra apariencia, esto puede conducir a la depresión y otras enfermedades mentales. Desde este punto de vista, ser avergonzado por el cuerpo no es solo algo personal, también es un problema social. Si nosotros, como sociedad, seguimos presionando a las personas para que sean delgadas o se ajusten a un estándar poco realista, esto tendrá efectos devastadores en nuestra salud mental en general. Todos tenemos derecho a caminar por el mundo sintiéndonos saludables y felices sin que nos digan lo feos que somos, ¡eso vale para todos, incluidos los niños!

La vergüenza corporal es acoso

La vergüenza corporal es intimidación en esencia. Causa daño y dolor a la víctima, pero también causa dolor a las personas que lo presencian. Si nos muestran imágenes de modelos o celebridades extremadamente delgadas, a veces podemos sentir la necesidad de ser como ellos sin siquiera darnos cuenta de por qué. La vergüenza corporal no se trata solo de la apariencia, sino también de nuestra salud y bienestar. En lugar de sentir vergüenza o pena por tener sobrepeso o por cualquier otra razón, las personas deberían tener confianza en sus cuerpos porque eso es lo que nuestra sociedad necesita más que cualquier otra cosa.

La vergüenza corporal puede violar nuestros derechos

La vergüenza corporal no solo es ofensiva, sino que también puede violar nuestros derechos. No es saludable que las personas se sientan presionadas para alcanzar estándares poco realistas o participar en actividades poco saludables para tener el tamaño correcto o encajar en una imagen ideal. Esta forma de intimidación puede causar daño real a nuestros cuerpos y puede afectar nuestro bienestar mental.

. . .

Ser avergonzado por el cuerpo nos afecta en todos los niveles, tanto física como mentalmente, lo que hace que esta forma de intimidación sea una violación tanto para la persona que ha sido avergonzada como para otras personas que lo presencian.

La vergüenza corporal ocurre de muchas formas, no importa cuál sea nuestra definición de vergüenza corporal o intimidación, aún nos dañará a todos.

La vergüenza corporal cambia nuestra percepción de los demás

Tendemos a juzgar a las personas en función de su apariencia y, a menudo, las tratamos de manera diferente si pensamos que no encajan con la idea de normalidad de la sociedad. Si alguien tiene una afección en la piel, por ejemplo, podemos preguntarnos por qué esta persona no se cubre simplemente si no quiere que se comente sobre su apariencia. Rara vez nos detenemos a considerar que el comentario puede ser hiriente y que esta persona puede necesitar continuar con su día sin tener que preocuparse por lo que los demás piensen de ella.

La vergüenza corporal es alentada por los medios de comunicación

. . .

Lamentablemente, la apariencia juega un papel muy importante en la forma en que tratamos a otras personas.

Esto se debe en gran parte a la influencia de los medios de comunicación, que constantemente nos muestran imágenes del cuerpo "perfecto".

Sin embargo, los medios de comunicación no deben usarse como un medio para alentar la vergüenza corporal porque esto puede hacer que los jóvenes se obsesionen con sus cuerpos y puede llevar a que se odien a sí mismos. métodos para abordarlo. Esto nos ayudará a comprender las consecuencias de tal discriminación y nos dará a todos un terreno común para luchar contra ella.

Es hora de que la sociedad se centre más en cómo nos tratamos unos a otros. No importa lo que tu cultura te diga sobre tu apariencia, ¡eres hermosa! Es sólo tu mente la que te dice lo contrario. Recuerda siempre que todo tiene que ver con la percepción. Lo que ves que otros hacen, leen o ven en la televisión puede ser completamente diferente de lo que realmente piensan de sí mismos.

Recuerda que la única solución real a este problema es tomar acción y crear conciencia al respecto. Corra la voz sobre esto con su familia, amigos y cualquier otra persona que se vea enfrentando estos problemas.

. . .

La próxima vez que veas a alguien avergonzado por su cuerpo, trata de brindarle apoyo y tal vez incluso defenderlo contra las personas que lo hacen. Puede ayudar diciéndoles que la forma o el tamaño de su cuerpo no definen quiénes son como personas.

Esto es lo que más necesita la sociedad en este momento: aprender sobre la vergüenza corporal y cómo evitarla. Si luchamos juntos, podremos superarlo a largo plazo.

13

¿Cómo Se Beneficiará La Sociedad Si No Existe Vergüenza Corporal?

La vergüenza corporal es un tema extremadamente doloroso y problemático. Hace que las personas se sientan mal consigo mismas, lo que puede provocar otros problemas, como trastornos alimentarios y depresión. Aquí entraremos en los efectos colaterales que ocurrirán si la sociedad deja de avergonzar al cuerpo.

En un mundo donde las personas no son juzgadas por su apariencia, otros problemas disminuirían en severidad porque la vergüenza corporal ya no sería un factor en estos problemas. Por ejemplo, no habría tanta gente desarrollando trastornos alimentarios. Además, no habría tanta gente que desarrollará depresión porque esto a menudo se asocia con la vergüenza corporal. Las soluciones a estos problemas serían más baratas porque habría menos problemas en general.

. . .

Aquí hay varias formas en que nuestra sociedad se beneficiará si no hay más vergüenza corporal:

Nadie desarrollará trastornos alimentarios

Una vez que no haya vergüenza corporal, habrá menos personas que desarrollen trastornos alimentarios. Las personas que desarrollan trastornos de la alimentación tienden a sentirse avergonzadas de sus cuerpos y, a menudo, sufren de baja autoestima. Si la vergüenza corporal ya no continúa, todos podemos prevenir muchos trastornos alimentarios porque no pasaríamos por estos problemas.

Menos personas desarrollarán depresión

Si no hay vergüenza corporal, habrá menos personas que desarrollen depresión porque la vergüenza corporal a menudo causa depresión. La vergüenza corporal hace que las personas piensen negativamente sobre sí mismas y esto les dificulta disfrutar de la vida. También los hace actuar de manera negativa, como cortarse o lastimarse a sí mismos. Si no se avergüenza el cuerpo, las personas no tendrían que soportar factores estresantes innecesarios que reducirían sus posibilidades de desarrollar depresión.

. . .

Menos personas sentirán que tienen que cambiar su apariencia

Gran parte del tiempo, tendemos a ser comparados con otras personas en nuestra sociedad. En un mundo sin vergüenza corporal, si usaras mucho maquillaje y gastaras mucho dinero en tu apariencia, esto sería menospreciado porque es algo que a la sociedad no le gusta. La vergüenza corporal ha existido durante largos períodos de tiempo y esto ha hecho que las personas piensen negativamente acerca de cómo los ven los demás. Esta es una de las razones por las que hay muchas personas que sienten que tienen que cambiar su apariencia para encajar con los demás y pueden terminar pasando por un estrés innecesario si no logran hacerlo. Si las personas pudieran ser más positivas sobre sí mismas, esto significaría que no tendrían que preocuparse tanto por su apariencia. La sociedad no tendría que soportar estos factores estresantes innecesarios porque las personas se sentirían más cómodas con quienes son.

Menos personas serán esclavas de sus problemas con dietas

Si no hubiera vergüenza corporal, las personas podrían disfrutar de sus vidas sin sentir que tienen que hacer dieta todos los días. En estos días, tendemos a centrarnos cada vez más en el peso y la apariencia y, a menudo, olvidamos las cosas que realmente importan en la vida.

Muchas personas hoy en día optan por hacer de su apariencia una prioridad. Esto sucede debido a la representación que hacen los medios de los estándares de belleza y la forma en que nos hacen sentir culpables de nosotros mismos, incluso cuando no estamos haciendo nada malo. Si no hay vergüenza corporal, las personas no se preocuparían por lo que comen porque su apariencia no sería juzgada por la sociedad tanto como lo es actualmente.

Menos personas se obsesionarán con la forma del cuerpo

Si no hay vergüenza corporal, las personas no tendrían que preocuparse tanto por lo que comen o cuánto consumen. Si la sociedad dejara de avergonzar al cuerpo, las personas ya no estarían tan concentradas en cuánto peso han perdido o ganado. Evitarían que se sintieran terribles con sus cuerpos.

Serían capaces de concentrarse más en las cosas que importan en la vida que en cómo la sociedad ve su apariencia.

Menos personas sentirán que son retratadas como feas

. . .

Las personas a menudo sienten que tienen que ajustarse a los estándares de belleza que vemos en la sociedad actual.

Con frecuencia pensamos que necesitamos tener cierto tamaño y forma y muchas personas optan por no comer para perder este peso. Si fuera normal que las personas no se preocupen tanto por su apariencia, no habría tanta presión sobre las personas porque no tendrían que encajar en estos estándares.

Las personas podrán recuperar sus vidas

Si no se avergüenza el cuerpo, las personas podrán recuperar sus vidas y concentrarse en las cosas que las harán felices. Es muy difícil para las personas disfrutar de sus vidas si siempre están concentradas en su apariencia. También puede ser muy difícil para ellos si siempre sienten que necesitan compararse con los demás debido a la forma en que la sociedad ve las cosas. Si se aboliera la vergüenza corporal, todas las personas tendrían que concentrarse en vivir bien y hacer lo que las hace felices. A nadie le importaría cuánto peso ha perdido o ganado o si su tono de piel no es tan claro como el de los demás.

Menos enfermedad mental

. . .

Si no se avergüenza el cuerpo, las personas se darán cuenta de que su apariencia no las hace ser quienes son y que no importa si tienen una cara bonita. Las personas podrán dejar de obsesionarse con su apariencia y, en cambio, podrán concentrarse en las cosas que importan en la vida.

También significa que menos personas tendrían que lidiar con enfermedades mentales como la depresión y la ansiedad. Además, las personas dejarían de tener su apariencia como un factor importante cuando toman una decisión en la vida.

Menos mujeres tendrán que lidiar con experiencias perturbadoras y traumáticas

Si no se avergüenzan del cuerpo, entonces las niñas y las mujeres no tendrán que lidiar con tantas experiencias perturbadoras o traumáticas porque las personas se sentirán bien con quienes son, lo que conducirá a que los demás las traten mejor. Por ejemplo, muchas personas se ven obligadas a tener relaciones sexuales simplemente por la forma en que otras personas las ven. Menos mujeres tendrán que lidiar con hombres que intentan meterse en sus pantalones solo por su apariencia.

Habrá menos dolor emocional y físico

. . .

Si no se avergüenzan del cuerpo, las personas no tendrán que sufrir tanto dolor emocional y físico porque podrán seguir con sus vidas sin perder tanto tiempo pensando en cómo les afectará su apariencia. Las personas tampoco tendrán que aguantar que las personas las odien por su apariencia o las traten mal por su apariencia.

Las personas podrán recuperar su infancia

Si no se avergüenza el cuerpo, las personas podrán recuperar su infancia. Por ejemplo, en el pasado, a muchos niños se les hacía sentir mal por su apariencia. Esto significó que muchas personas se vieron obligadas a vivir un determinado estilo de vida en el que la apariencia lo era todo. Si se aboliera la vergüenza corporal, las personas podrían seguir con sus vidas sin preocuparse por lo que los demás piensen de ellas.

La sociedad aceptará más las diferencias

Si no se avergüenza el cuerpo, la sociedad aceptará más nuestras diferencias. Por ejemplo, las personas aceptarían más a quienes tienen sobrepeso y a quienes tienen un exceso de grasa en el cuerpo. Aquellos que tienen un tono de piel inusual o aquellos que tienen discapacidades no serán objeto de discriminación porque a las personas no les importará tanto cómo se ven como lo hacen ahora.

Si todos fueran vistos como iguales, ser diferente de los demás no importaría tanto.

La gente estaría orgullosa de sus cuerpos

Si no te avergüenzas del cuerpo, las personas estarán orgullosas de sus cuerpos y no les importará cómo los ven los demás. En cambio, podrían continuar con sus vidas de una manera positiva. Por ejemplo, si tuvieras sobrepeso como muchas personas en la sociedad actual, no sentirías que necesitas perder peso porque tú apariencia no haría mucha diferencia en lo que respecta a la forma en que los demás te ven. Sería más común que las personas se sintieran seguras de sí mismas y orgullosas de sus cuerpos porque saben que se ven increíbles tal como son. También sería más común que la gente celebre su cuerpo porque lo tiene y nadie se lo puede quitar.

Las personas se sentirán bien consigo mismas

Si no te avergüenzas del cuerpo, entonces será más común que las personas se sientan bien consigo mismas. Si una mujer tenía sobrepeso cuando era niña, no habría sido un problema para ella ni para nadie más, y nadie la molestaría ni la haría sentir mal consigo misma en función de su apariencia.

. . .

No tendría miedo de usar cierto tipo de ropa en público porque sabe que lo que usa no importa y esto la hará sentir mejor consigo misma. Si una mujer tiene sobrepeso y la gente sigue diciéndole que baje de peso, podría desarrollar una baja autoestima y esto le dificultaría sentirse bien consigo misma. Si no hubiera vergüenza corporal, sería más común que la gente se amara a sí misma porque sabrían que su apariencia no define quiénes son.

Sería más fácil para las personas encontrar el amor

Si no te avergüenzas del cuerpo, entonces será más fácil para las personas encontrar el amor en la vida. Las personas con sobrepeso no se avergonzarían todo el tiempo por su peso. Tampoco se preocuparían por la forma en que se ven o lo que la gente piensa de ellos, esto hará que tengan confianza en sí mismos y confianza en lo que pueden lograr en la vida. Habría menos discriminación y más aceptación.

Un mundo sin vergüenza corporal

La vergüenza corporal nunca es aceptable. Ha existido durante mucho tiempo y no va a desaparecer pronto. Sin embargo, con suficiente conciencia, podría ser posible ver un mundo sin vergüenza corporal en el futuro.

. . .

Si las personas son conscientes de lo que está sucediendo en relación con la vergüenza corporal, es posible que puedan cambiar la forma en que piensan y tratan a los demás.

Cuando te encuentras con personas que hablan sobre cómo se ve alguien o que los tratan mal debido a su peso o apariencia, podrías hablar por ellos porque esto podría conducir a que sean tratados mejor en el futuro. Esto puede conducir a un mundo mejor en lo que respecta a la vergüenza corporal en el futuro.

La vergüenza corporal no está bien y debemos defender a quienes se ven afectados por ella. Necesitamos enseñar a los niños que está bien ser diferente y que no deben intimidar a otros por su peso o apariencia. Necesitamos defender a aquellos que no pueden hablar por sí mismos porque esto marcará la diferencia en el futuro; veremos un mundo sin vergüenza corporal, pero solo si nos esforzamos lo suficiente.

14

¿Qué Debe Hacer La Sociedad Acerca De La Vergüenza Del Cuerpo?

Es hora de que cambie la corriente de opinión sobre la vergüenza corporal. Somos seres sociales, y nuestra apariencia afecta cómo nos ven los demás. Pero hay una diferencia entre juzgar a alguien en base a cualidades superficiales y tratarlo como menor debido a su apariencia o peso.

Es difícil saber dónde termina uno y comienza el otro, pero es hora de que comencemos a actuar como adultos en esta conversación en lugar de como niños que no pueden comprender estos matices.

Entonces, ¿qué debería hacer la sociedad con respecto a la vergüenza corporal?

Establecer y hacer cumplir una definición de vergüenza corporal

"Body shaming" es un término que se utiliza para definir cualquier tipo de comentario sobre la apariencia física de una persona. Puede ser parte de una discusión más amplia sobre el sexismo o la fobia a los gordos, pero también afecta a las personas en el contexto de sus propios cuerpos.

"¡No puedo creer que estés usando eso!"

Esta declaración no deja mucho espacio para los matices, y a menudo proviene de hombres que quieren presionar a las mujeres para que "usen algo más apropiado". Incluso si este comentario se hizo con buenas intenciones, todavía deja a la persona abierta a la crítica porque su elección se considera inapropiada de alguna manera. Puede ser particularmente dañino si proviene de un familiar o amigo.

"¡Tiene un trastorno alimentario!"

Esta es otra forma de vergüenza corporal, aunque suele ser utilizada por personas que no entienden las complejidades de los trastornos alimentarios y el impacto que tienen en quienes luchan contra ellos. A menudo se usa como una forma de distanciarse de alguien que está luchando con problemas como la anorexia y la bulimia porque no hay nada que podamos hacer".

. . .

La realidad es que podemos brindar nuestro apoyo y amor, y todos necesitan esas dos cosas para vivir bien. También establece una fábrica de rumores peligrosos que potencialmente pueden causar daño.

Elogio en lugar de vergüenza

Las personas que luchan contra los trastornos alimentarios con frecuencia intentan esconderse, y esto a menudo se refleja en su apariencia. Pero los avergonzados del cuerpo no ven estas luchas porque están distraídos por la superficie.

Está bien darle a alguien una charla de ánimo sobre lo bien que se ve o decirle cuánto te gusta su nuevo traje de baño. Al final del día, se trata de aumentar la confianza de alguien y hacer que se sienta bien consigo mismo, independientemente de su apariencia. A largo plazo, esto podría hacerlos más propensos a buscar el apoyo de un profesional.

Ayude a las personas a comprender la complejidad de la imagen corporal

Las personas con trastornos alimentarios pueden tener una imagen distorsionada, le están haciendo un favor a alguien al contarle su peso o algún otro atributo físico que le molesta. Sin embargo, esto casi nunca es el caso.

Las personas deberían poder aceptar cumplidos en lugar de sentir que necesitan defender su propia apariencia.

No tengas lástima de la gente

A nadie le gusta sentir lástima, y realmente puede doler cuando menosprecias a alguien con trastornos alimentarios u otros problemas. Sí, las personas experimentan luchas en la vida, pero no es un reflejo de quiénes son como personas en su totalidad. La lástima es una emoción peligrosa y puede alentar a las personas a evitar buscar ayuda. En lugar de sentir lástima por otra persona, intente darle un cumplido o un abrazo.

Debes estar abierto a discutir problemas de imagen corporal

Esto es algo que muchas personas no quieren hacer, pero es lo que deberías estar haciendo si quieres marcar una diferencia en la vida de alguien. Si alguien comparte un problema con su peso o la forma de su cuerpo, escucha atentamente sin juzgar y hazle saber cómo te sientes acerca de lo que está diciendo. Sé empático y evita usar frases como "No deberías sentirte así", lo que solo hará que la persona se sienta peor.

. . .

Crear un entorno de apoyo

Sé abierto con las personas en tu vida y asegúrate de compartir lo que esperas de ellos. Si no quieres que hagan comentarios sobre la forma del cuerpo de otras personas, diles cuánto te duele escuchar esas palabras. Diles que es importante que no comparen su propio peso o la forma de su cuerpo con los de los demás porque cada uno es diferente y merece respeto. Enseña a tus hijos sobre la importancia de la aceptación del cuerpo desde una edad temprana de una manera positiva y que afirme la vida.

Adopta un estilo de vida más saludable

Los trastornos alimentarios son complejos porque son el resultado de una combinación de problemas físicos y psicológicos. Echa un vistazo a tus propios hábitos alimenticios y concéntrate en comer bien a largo plazo en lugar de concentrarte en la pérdida de peso en este momento. La realidad es que no existe una "solución rápida" para alguien que tiene un trastorno alimentario, pero cualquier cosa que hagas para abordar los problemas subyacentes será beneficiosa a largo plazo.

Hablar en contra de la vergüenza corporal

. . .

Incluso si no tienes un trastorno alimentario, aún puedes ayudar a otros a descubrir la positividad corporal diciéndoles que está bien que acepten sus cuerpos. No es necesario que tengas un trastorno alimentario para sufrir problemas de autoestima o baja autoestima, así que hable en contra de los comentarios negativos y dígales a las personas cuando están haciendo que alguien se sienta mal consigo mismo.

Tus palabras pueden marcar la diferencia cuando se trata de mejorar la aceptación de la imagen corporal.

Si bien todos tienen derecho a sus propias opiniones, es importante comprender el impacto de sus palabras. Si deseas marcar una diferencia positiva en la vida de alguien, debes evitar caer en los estereotipos y, en cambio, concentrarte en los hechos de cada situación. Será más fácil para ti vivir contigo mismo si puedes recordar tus propias palabras sin sentirte avergonzado porque al menos hiciste un esfuerzo por ser sensible cuando se trataba de la imagen corporal.

No rendirse nunca

A veces, puedes sentir ganas de darte por vencido contigo mismo o con los demás, pero trata de resistir la tentación de hacerlo. Busca ayuda profesional para ti y para los demás cuando sea necesario, y recuerda que no es tu responsabilidad arreglar a todos.

Sin embargo, hay personas que te necesitan en su vida, y si vas a ser una fuente de apoyo para ellos, prepárate para un compromiso de por vida.

Ten cuidado con las personas que presionan tus botones

Algunas personas se sienten atraídas por el centro de atención y harán todo lo posible para llegar allí, incluso usar ropa provocativa o hacer comentarios inapropiados sobre los cuerpos de otras personas. No significa que no puedas ser amigo de ellos, pero sí significa que debes establecer límites. Evita hacer comentarios basados en tus propias inseguridades o conformarte con relaciones en las que sientas que no eres lo suficientemente bueno.

No asumas que nadie más es como tú

Cada persona es única, así que no asumas que los demás tienen la misma relación con la comida o su peso que tú.

Está bien hablar cuando alguien hace un comentario sobre la forma de tu cuerpo, pero es importante reconocer que todos tienen sus propios problemas con los que lidiar en la vida.

. . .

Considera otros recursos

Hay organizaciones y sitios web que pueden ser útiles para alguien que lucha contra un trastorno alimentario y, la mayoría de las veces, están abiertos a cualquier persona que pueda necesitar su ayuda. Muchas de estas instalaciones ofrecen asesoramiento o clases en línea para aquellos que desean encontrar una manera de superar sus problemas, pero también existe un sentido de comunidad que hace que este tipo de servicio sea algo del que todos pueden beneficiarse.

Es importante no minimizar las luchas y las condiciones que rodean los trastornos alimentarios para que todos podamos hacer nuestra parte para apoyar a las personas que los padecen. Todos necesitamos conocer nuestros propios límites cuando se trata de interactuar con los demás, pero debes saber que hay personas que quieren ser influencias positivas en tu vida.

Seguridad primero

Si alguien comienza a hacer comentarios inapropiados sobre el cuerpo de otras personas, está bien cortar los lazos con ellos.

. . .

No es necesario que estés asociado con una persona que comparte su obsesión por el peso y los trastornos alimentarios, o que se dedica a la vergüenza corporal, incluso si eso significa la pérdida de una amistad cercana.

Debes saber que no hay vergüenza en obtener ayuda

Es importante dejar de juzgar a las personas que no son tan afortunadas como tu, pero también es necesario comprender que no todas las personas tienen las mismas opciones cuando se trata de obtener ayuda para sus problemas. Si sientes que necesitas ayuda, hay muchos lugares donde puedes encontrar ayuda para ti y para los demás.

Esto puede ayudarte a lidiar con la ansiedad y otros desafíos que afectan la salud mental.

Ponte primero

Cuando comienzas a concentrarte en los problemas de otra persona, puede desencadenar recuerdos negativos de tu pasado. No dejes que las luchas de otra persona se apoderen de tu vida y arruinen todo lo que te está yendo bien.

. . .

Trata de no entrar en discusiones o cualquier tipo de confrontación con ellos sobre sus problemas porque esto solo causará estrés indebido en su vida.

Está bien ser una fuente de apoyo para un amigo que está luchando con su imagen corporal, pero es importante recordar que no es tu responsabilidad resolver este problema por él. Está bien si quieres ayudar, pero si van a encontrar la solución por sí mismos, tiene que ser algo que venga de adentro. No puedes obligar a alguien a que acepte su cuerpo, pero puedes alentarlo hacia la felicidad respetando sus necesidades y respetándote a ti mismo en el proceso.

La sociedad debería ser más abierta a la hora de discutir los desafíos que rodean la imagen corporal, pero es importante que no hagamos que las personas se sientan peor por sus luchas. Si estás leyendo este libro porque estás luchando con tu imagen corporal, no estás solo. Miles de personas están interesadas en ayudarte, sin importar el tamaño o la forma que tengas ahora. Busca la ayuda que está disponible para ti y aprende a trabajar con los recursos a tu disposición. Puede que te lleve tiempo encontrar la satisfacción interna, pero es posible si tienes la voluntad de encontrar la felicidad en ti mismo.

Conclusión

El término "vergüenza corporal" ha existido durante casi una década, pero recién ahora está ganando uso popular como una descripción de varias formas de prejuicio social y discriminación contra los cuerpos. Conceptualmente, la vergüenza corporal es cualquier forma de interacción social en que alguien con un poder más fuerte o más privilegio mantiene a una persona con menos poder o privilegio a un nivel poco realista e inalcanzable. La vergüenza corporal puede ocurrir a través de palabras, acciones, bromas, pensamientos, objetos utilizados, decisiones tomadas en cualquier lugar donde exista la implicación de que el cuerpo de alguien es malo según el tamaño o la forma.

La mayoría de las definiciones de vergüenza corporal se centran en las interacciones negativas entre las personas.

. . .

Sin embargo, esta definición captura algo más amplio, identificando la vergüenza corporal como una experiencia de estigma y prejuicio que les sucede tanto a hombres como a mujeres.

También describe otras formas de exclusión que les suceden a las personas con cuerpos más grandes, como ser pasados por alto para trabajos basados en la suposición de que uno será menos productivo que un colega de tamaño promedio, o que se le ofrezcan salarios más bajos que los compañeros de trabajo.

Muchos más de nosotros luchamos contra la depresión y la enfermedad mental provocadas por la vergüenza crónica diaria sobre nuestros cuerpos que luchamos con discapacidades físicas o formas más obvias de estigma.

Cuando se trata de abordar la vergüenza corporal, debemos cambiar la forma en que pensamos y sentimos sobre los cuerpos de las personas. Debemos considerar cómo nuestros propios prejuicios y la vergüenza internalizada afectan nuestras interacciones con los demás y cómo nos tratamos internamente a nosotros mismos a diario.

La vergüenza corporal es una experiencia que ocurre en todos los niveles de privilegio y opresión, todos pueden sentirse avergonzados por algo sobre sus cuerpos.

Incluso las personas con los cuerpos más poderosos tienen momentos en los que se les avergüenza de maneras que son tan dañinas como las experiencias de los miembros de grupos minoritarios que son marginados por su tamaño.

Los cuerpos humanos son milagrosos y todos merecemos la oportunidad de conocerlos, apreciarlos y amarlos.

El objetivo de la vergüenza corporal es hacerte sentir mal con tu cuerpo de alguna manera. Es posible que te hagan sentir mal con tu apariencia de una manera que te haga sentir inadecuado, feo o poco atractivo. Es posible que te digan que tu cuerpo no es saludable, lo que te lleva a creer que eres responsable de alguna manera. Es posible que le digan que su cuerpo es "incorrecto" por alguna razón percibida que no tiene nada que ver con usted como persona. Tu cuerpo puede hacerte sentir mal porque no se ajusta a las expectativas de lo que se considera bello dentro de la cultura en la que vives. Tu cuerpo puede ser un objetivo, no importa cómo te veas.

Nadie merece sufrir el miedo y el estrés que provoca la vergüenza corporal. Nadie debería tener que sentirse impotente o preocupado por su propia mortalidad o salud porque tiene un cuerpo que no se ajusta a las expectativas culturales.

. . .

La vergüenza corporal puede tener graves efectos físicos, mentales y emocionales en cualquier persona avergonzada.

Con demasiada frecuencia, las personas que experimentan vergüenza corporal intentan cambiar sus cuerpos en un intento por ser aceptadas. La verdad es que tu cuerpo te pertenece, y solo tú tienes el poder de decidir si lo cambias o no. Puede ser difícil saber si sus propias acciones están motivadas por elección o por autodesprecio.

Todos nacemos perfectos en todos los sentidos. Nuestros cuerpos pueden cambiar, pero siempre seremos perfectamente hermosos porque, en primer lugar, fuimos creados perfectamente.

Espero que encuentres este libro muy útil para tomar decisiones por ti mismo. Me gustaría que te sintieras bella en cualquier forma o momento. El mundo está lleno de gente hermosa, y Dios nos creó a todos perfectamente para que podamos experimentar amor y aceptación dondequiera que vayamos. Podremos tocar los corazones de las personas en cualquier lugar que elijamos porque verán cuán perfectamente fuimos hechos cada uno de nosotros por nuestro creador; por lo tanto nos amarán no importa que. Espero que encuentres tu verdadera belleza dentro de ti.

. . .

Gracias a las personas que compartieron sus historias conmigo y a todos los que se preocupan por terminar con la vergüenza corporal.

www.ingramcontent.com/pod-product-compliance
Lightning Source LLC
Chambersburg PA
CBHW072021070526
44583CB00015B/1569